TEST YOUR ARABIC

A book which every learner of Arabic needs

Intermediate Level

Luay Hasan

Published by Luay Hasan
© Luay Hasan 2016

The rights of Luay Hasan to be identified as the author of this work have been asserted by him in accordance with the Copyright, Designs and Patents Act of 1988.

All rights reserved; no part of this publication may be reproduced, stored in a retrieval system, or transmitted in any form or by any means, electronic, mechanical, photocopying, recording or otherwise without the prior written consent of the publisher or a licence permitting copying in the UK issued by the Copyright Licensing Agency Ltd, www.cla.co.uk

ISBN 978-1-78222-433-4

Book design, layout and production management by Into Print
www.intoprint.net

+44 (0)1604 832149

Acknowledgments

I would like to thank all those who kindly helped me to write and produce this book. In particular colleagues I have been working with for their useful and appreciated opinions and suggestions, my students throughout years of teaching Arabic as a foreign language for their interesting and helpful feedback and comments, the newspapers and websites I adapted materials from and finally to the publishers for their professionalism and commitments.

Introduction

This is an activity and reference book, which is based on a well-tried method of teaching and assessing Arabic language. It is designed to be a supplementary book, which can take students step by step to assess and build up their Arabic, in which particular attention is given to reading, and writing skills and grammar and vocabulary. It can be simply used for an academic course, small group class or for self-study. In addition, it helps learners to master vocabulary and grammar, understand comprehensively basic texts and some adapted and authentic texts, and enable them independently to carry on their Arabic course to the advanced level. A variety of useful and interesting exercises have been included in this book which are built on years of experience in teaching Arabic as a foreign language and fully understanding of what intermediate students need to improve their language skills.

You might find some exercises are slightly difficult or different, however that should not concern you a lot, as your course or the textbook you are using might be following a different style or method in terms of the structure or grammar order.

All exercises have their answers at the end of the book, which can be used as a glossary of vocabulary as a topic (text).

The first questions at the beginning of the book are repeated from book one (beginners' level) or very similar to them to help students whose their level is between beginners and intermediates to refresh and strengthen their Arabic first and then move to the intermediate level.

Finally, I hope and wish this book will find its way to students and teachers alike and your comments and suggestions would be very welcomed and highly appreciated and make this book closer to its aims and they can be thankfully incorporated in the next edition.

Luay Hasan   2016

Luaybooks@gmail.com

PAST TENSE
CONJUGATION FORMS
FORM ONE

They (p)	You (p)	We	She	He	You (f)	You (m)	I
ذهبوا	ذهبتُم	ذهبنا	ذهبَت	ذهبَ	ذهبتِ	ذهبتَ	ذَهَبتُ
رجعوا	رجعتُم	رجعنا	رجعَت	رجعَ	رجعتِ	رجعتَ	رَجَعتُ
أكلوا	أكلتُم	أكلنا	أكلَت	أكلَ	أكلتِ	أكلتَ	أَكَلتُ
شربوا	شربتُم	شربنا	شربَت	شربَ	شربتِ	شربتَ	شَرِبتُ
كتبوا	كتبتُم	كتبنا	كتبَت	كتبَ	كتبتِ	كتبتَ	كَتَبتُ
قرؤوا	قرأتُم	قرأنا	قرأَت	قرأَ	قرأتِ	قرأتَ	قَرَأتُ
درسوا	درستُم	درسنا	درسَت	درسَ	درستِ	درستَ	دَرَستُ
جلسوا	جلستُم	جلسنا	جلسَت	جلسَ	جلستِ	جلستَ	جَلَستُ
فتحوا	فتحتُم	فتحنا	فتحَت	فتحَ	فتحتِ	فتحتَ	فَتَحتُ
خرجوا	خرجتُم	خرجنا	خرجَت	خرجَ	خرجتِ	خرجتَ	خَرَجتُ
سمعوا	سمعتُم	سمعنا	سمعَت	سمعَ	سمعتِ	سمعتَ	سَمِعتُ
وجدوا	وجدتُم	وجدنا	وجدَت	وجدَ	وجدتِ	وجدتَ	وَجَدتُ
تركوا	تركتُم	تركنا	تركَت	تركَ	تركتِ	تركتَ	تَرَكتُ
عملوا	عملتُم	عملنا	عملَت	عملَ	عملتِ	عملتَ	عَمِلتُ
فعلوا	فعلتُم	فعلنا	فعلَت	فعلَ	فعلتِ	فعلتَ	فَعَلتُ
بدؤوا	بدأتُم	بدأنا	بدأَت	بدأَ	بدأتِ	بدأتَ	بَدَأتُ
لبسوا	لبستُم	لبسنا	لبسَت	لبسَ	لبستِ	لبستَ	لَبِستُ
سكَنوا	سكنتُم	سكنّا	سكنَت	سكنَ	سكنتِ	سكنتَ	سَكَنتُ
عرفوا	عرفتُم	عرفنا	عرفَت	عرفَ	عرفتِ	عرفتَ	عَرَفتُ
سألوا	سألتُم	سألنا	سألَت	سألَ	سألتِ	سألتَ	سَألتُ

PRESENT TENSE

CONJUGATION FORMS

FORM ONE

They (p)	You (p)	We	She	He	You (f)	You (m)	I
يَذهَبون	تَذهَبون	نَذهَب	تَذهَب	يَذهَب	تَذهَبين	تَذهَب	أذهَب
يَرجِعون	تَرجِعون	نَرجِع	تَرجِع	يَرجِع	تَرجِعين	تَرجِع	أرجِع
يَأكُلون	تَأكُلون	نَأكُل	تَأكُل	يَأكُل	تَأكُلين	تَأكُل	آكُل
يَشرَبون	تَشرَبون	نَشرَب	تَشرَب	يَشرَب	تَشرَبين	تَشرَب	أشرَب
يَكتُبون	تَكتُبون	نَكتُب	تَكتُب	يَكتُب	تَكتُبين	تَكتُب	أكتُب
يَقرَؤون	تَقرَؤون	نَقرَأ	تَقرَأ	يَقرَأ	تَقرَئين	تَقرَأ	أقرَأ
يَدرُسون	تَدرُسون	نَدرُس	تَدرُس	يَدرُس	تَدرُسين	تَدرُس	أدرُس
يَجلِسون	تَجلِسون	نَجلِس	تَجلِس	يَجلِس	تَجلِسين	تَجلِس	أجلِس
يَفتَحون	تَفتَحون	نَفتَح	تَفتَح	يَفتَح	تَفتَحين	تَفتَح	أفتَح
يَخرُجون	تَخرُجون	نَخرُج	تَخرُج	يَخرُج	تَخرُجين	تَخرُج	أخرُج
يَسمَعون	تَسمَعون	نَسمَع	تَسمَع	يَسمَع	تَسمَعين	تَسمَع	أسمَع
يَجِدون	تَجِدون	نَجِد	تَجِد	يَجِد	تَجِدين	تَجِد	أجِد
يَترُكون	تَترُكون	نَترُك	تَترُك	يَترُك	تَترُكين	تَترُك	أترُك
يَعمَلون	تَعمَلون	نَعمَل	تَعمَل	يَعمَل	تَعمَلين	تَعمَل	أعمَل
يَفعَلون	تَفعَلون	نَفعَل	تَفعَل	يَفعَل	تَفعَلين	تَفعَل	أفعَل
يَبدَؤون	تَبدَؤون	نَبدَأ	تَبدَأ	يَبدَأ	تَبدَئين	تَبدَأ	أبدَأ
يَلبَسون	تَلبَسون	نَلبَس	تَلبَس	يَلبَس	تَلبَسين	تَلبَس	ألبَس
يَسكُنون	تَسكُنون	نَسكُن	تَسكُن	يَسكُن	تَسكُنين	تَسكُن	أسكُن
يَعرِفون	تَعرِفون	نَعرِف	تَعرِف	يَعرِف	تَعرِفين	تَعرِف	أعرِف
يَسألون	تَسألون	نَسأل	تَسأل	يَسأل	تَسألين	تَسأل	أسأل

Q1/ Choose the correct word between brackets to fill in the gaps.

1- أختي تدرس في .... الطب. (مستشفى - وزارة - كلية)

2- اشتريت الكتاب بخمسة عشر .... (جنيه - جنيهات - جنيها)

3- أقارب زوجتي .... في كندا. (يسكنون - يسكن - تسكنان)

4- العشاء في الساعة الثامنة .... (صباحا - ظهرا - مساءا)

5- لكل بلد .... (مدينة - قرية - عاصمة)

6- .... الأسواق كبيرة. (هذه - هذا - هؤلاء)

7- غالبا أشعر .... بعد العمل. (جوعان - الجوع - بالجوع)

8- السنة الماضية .... إلى الجزائر. (سكنا - سافرنا - درسنا)

9- درجة الحرارة اليوم صفر. الجو اليوم .... (حار - معتدل - بارد)

10- من فضلك، .... الساعة الآن؟ (كم - كيف - بكم)

Q2/ Rewrite the following text in the future tense and make the necessary changes.

البارحة

البارحة خرجت من البيت الساعة التاسعة صباحا، وذهبت إلى المكتب بالباص. ذهبت إلى مطعم عربي الساعة الواحدة بعد الظهر مشيا. أكلت السمك والرز والسلطة، وشربت زجاجة كولا. رجعت إلى المكتب الساعة الثانية بعد الظهر. تركت المكتب الساعة السادسة مساءا، ورجعت إلى البيت بالتاكسي.

Q3/ Ask a classmate of yours the following questions and according to the information you get, write down a paragraph about him/her.

1- ما اسمك؟

....

2- من أين أنت؟

....

3- كم عمرك؟

....

4- أين تسكن / تسكنين؟

....

5- ماذا تدرس / تدرسين في الجامعة؟

....

6- ماذا تفعل / تفعلين في نهاية الأسبوع؟

....

7- ما هي هواياتك المفضلة؟

....

8- أين سافرت في الصيف الماضي؟

....

9- ماذا ستعمل / ستعملين بعد التخرج من الجامعة؟

....

10- في أي بلد تحب / تحبين العيش في المستقبل؟ ولماذا؟

....

Q4/ Write the possessive articles of the following words.

	مكتبة	مدرسة	عمل	درس
1- أنا (ي)	--------	--------	--------	--------
2- نَحنُ (نا)	--------	--------	--------	--------
3- أنتَ (كَ)	--------	--------	--------	--------
4- أنتِ (كِ)	--------	--------	--------	--------
5- أنتُما (كُما)	--------	--------	--------	--------
6- أنتُم (كُم)	--------	--------	--------	--------
7- أنتُنَّ (كُنَّ)	--------	--------	--------	--------
8- هو (هُ)	--------	--------	--------	--------
9- هي (ها)	--------	--------	--------	--------
10- هُما (هُما)	--------	--------	--------	--------
11- هُم (هُم)	--------	--------	--------	--------
12- هُنَّ (هُنَّ)	--------	--------	--------	--------

Q5/ Translate the following sentences into Arabic.

1- Every summer, I travel to the Middle East to visit some friends.

--.

2- I am sorry. I was late to the appointment today.

--.

3- My brother got a new job two weeks ago.

--.

4- Hotels are too expensive in central London.

--.

5- We like watching films in the evening.

--.

Q6/ Read the text and answer the following questions.

سوق (الحَميدية) في دِمَشق

سوق الحميدية هو سوق كبير وقديم يقع في وسط مدينة دمشق في سورية بين الجامِع الأُمَوي وشارع (النَصر). يفتح السوق كل يوم، ولكن بعض المحلات لا تفتح يوم الجمعة، لأنه عُطلة نهاية الأسبوع في سورية وفي كثير من البلاد العربية. في هذا السوق محلات كثيرة تبيع أشياء مختلفة من الملابس والأطعمة والحَلويات والمشروبات العربية كالبَقلاوة والكُنافة والشاي العربي وغيرها.

بجانب سوق الحميدية يقع الجامع الأُمَوي وهو جامع كبير وقديم ومشهور في الشرق الأوسط. بناه السلطانان عبد الحميد الأول وعبد الحميد الثاني. يزور كثير من الناس العرب وغير العرب والمسلمين وغير المسلمين هذا الجامع خاصة في فصل الصيف، لأن الجو في سورية جميل ومشمس غالبا في هذا الفصل.

كل مَن يذهب إلى دمشق يزور عادة سوق الحميدية، ويأكل ويشرب فيه، ويشتري أشياء جميلة منه.

1- أين يقع سوق الحميدية في دمشق؟

.--

2- لماذا لا تفتح كل المحلات يوم الجمعة في سوق الحميدية؟

.--

3- ماذا يشتري الناس من سوق الحميدية عادة؟

.--

4- من بنى الجامع الأموي في دمشق؟

.--

5- لماذا يزور الناس الجامع الأموي كثيرا في الصيف؟

.--

Q7/ Complete the following table (past tense).
The first verb conjugation forms are an example.

PAST TENSE

They f/p	They m/p	They f/du	They m/du	She	He	You f/p	You m/p	You dual	You f	You m	we	I
ذهبنَ	ذهبوا	ذهبَتا	ذهبا	ذهبَت	ذهبَ	ذهبتُنَّ	ذهبتُم	ذهبتُما	ذهبتِ	ذهبتَ	ذهبنا	ذَهَبتُ
												رَجَعتُ
												أكَلتُ
												شَرِبتُ
												كَتَبتُ
												قَرَأتُ

Q8/ Translate the following sentences into English.

1- أختي الصغيرة تدرس في مدرسة ثانوية.

....

2- هل تعملون يوم السبت، يا شباب؟

....?

3- هذه الأسرة من أصل عربي.

....

4- لا أعرف ماذا سأفعل هذا المساء!

....!

5- من فضلك، أين مكتب البريد؟

....?

Q9/ Choose the correct word from the list below to fill in the gaps.

(عالمية- مثل - يحملون - وَصفة - شهية - تُقدّم - نوعان - سافر- مشابهة- جرّب)

الفَلافِل العربية

الفلافل العربية أكلة عربية مشهورة في كل البلاد العربية. هناك ـــــــ من الفلافل: الفلافل السورية وهي مصنوعة من الحمص، والفلافل المصرية (الطَعمِية) وهي مصنوعة من الفول. وهناك فلافل تركية وإيرانية في الشرق الأوسط أيضا، وهي ـــــــ كثيرا للفلافل العربية.

العرب يحبون الفلافل كثيرا ويأكلونها عادة في كل الوجبات مع السلطة والبيض. وكثير من الطُلّاب ـــــــ (ساندويتشات) الفلافل معهم في حقائبهم إلى المدرسة.
والفلافل أكلة رخيصة وصحية أيضا، وفي السعودية هناك مطاعم خاصة ـــــــ الفلافل مَجّانا للطلاب في الغداء، لأنها مفيدة و ـــــــ.

عندما ـــــــ العرب إلى أمريكا اللاتينية وسكنوا فيها، أخذوا معهم ـــــــ الفلافل. وعندما ـــــــ الناس الفلافل في البرازيل والأرجنتين أحبوها أيضا، وصارت أكلة مشهورة في كل مدينة كبيرة في أمريكا اللاتينية. واليوم هناك مطاعم للفلافل في كثير من المدن الأمريكية والأوربية ـــــــ نيويورك ولندن وباريس وغيرها، وصارت الفلافل أكلة ـــــــ مشهورة يحبها الناس في كل العالم.

Q10/ Match between months of the year and their equivalents in Arabic. (each one has two equivalents)

1- January

2- February

3- March

4- April

5- May

6- June

7- July

8- August

9- September

10- October

11- November

12- December

كانون الأول		أبريل
أيّار		أغسطس
حَزيران		يونيو
تَشرين الثاني		مارس
نَيسان		يناير
تَمّوز		سبتمبر
كانون الثاني		نوفمبر
تَشرين الأول		يوليو
آذار		أكتوبر
شُباط		مايو
آب		ديسمبر
أيلول		فبراير

Q11/ Match between phrases from (A) and (B) to make correct sentences.

B	A
السادس في هذه البناية.	1- سنذهب إلى الشرق الأوسط
الاجتماع في الشهر القادم.	2- أسوان مدينة قديمة
الصيف القادم لدراسة العربية.	3- أنا مشغول وليس عندي وقت
لكن جميلة وفيها نهر أيضا.	4- المكتبة في الطابق
لذلك لن أسافر في نهاية الأسبوع.	5- مَن سمع عن

Q12/ Read the text and answer the following questions.

مطعم (نَجيب مَحفوظ)

مطعم (نجيب محفوظ) يقع في مدينة القاهرة القديمة في منطقة (خان الخَليلي) في مصر. هو مطعم جميل وكبير، لكنه غالٍ جدا. عندما يذهب السياح إلى مدينة القاهرة، عادة يذهبون إلى هذا المطعم، ويأكلون ويشربون فيه، لأن الطعام فيه شهي، والمطعم جميل وقريب إلى كل الدَكاكين والمحلات في سوق (خان الخليلي) أيضا. الناس في مصر يذهبون إلى هذا المطعم أيضا يوم الخميس غالبا أو يوم الجمعة.

يفتح المطعم كل يوم من الساعة العاشرة صباحا حتى الساعة الثانية عشرة ليلا، ويُقدّم كثيرا من الأكلات والمشروبات المصرية المشهورة مثل الفلافل المصرية والكُشَري والشاي والقهوة، ويقدم أيضا (الشيشة) المصرية.

فُتِحَ المطعم في سنة 1989، وصاحب المطعم اسمه (سمير متري)، لكن المطعم اسمه (مطعم نجيب محفوظ)، لأن الكاتب المصري والعالمي المشهور (نجيب محفوظ) ذهب إلى هذا المطعم كثيرا، وجلس وأكل وشرب فيه مع أسرته وأصدقائه، وكتب فيه بعض قِصَصه أيضا. وفي المطعم هناك كرسي خاص ومائدة خاصة لنجيب محفوظ، وهناك صورة له على تلك المائدة مع بعض قصصه المشهورة. يقع المطعم في وسط سوق (خان الخليلي)، حيث

المحلات الكثيرة التي تبيع مختلف الملابس والتحفيات المصرية وكتب السياحة للزائرين الأوربيين والأمريكيين والعرب وغيرهم.

كل السياح يحبون سوق (خان الخليلي) و(مطعم نجيب محفوظ) كثيرا، ويريدون أن يرجعوا إلى القاهرة مرة ثانية لزيارة هذا السوق والأكل في هذا المطعم وشراء الهدايا لأقاربهم وأصدقائهم.

1- لماذا يذهب الناس إلى مطعم (نجيب محفوظ)؟
---.

2- متى يذهب المصريون إلى هذا المطعم (نجيب محفوظ)؟
---.

3- ماذا يأكل الناس عادة في هذا المطعم؟
---.

4- أين صورة (نجيب محفوظ) في المطعم؟
---.

5- ماذا يشتري السياح من سوق (خان الخليلي) عادة؟
---.

Q13/ Write the plural of the following words.
A- Pattern 5

1- مُدير ---------
2- زَميل ---------
3- رَئيس ---------
4- وَكيل ---------
5- كَريم ---------

B- Pattern 6

1- مَطعَم ---------
2- مكتب ---------
3- مسبح ---------
4- مطبخ ---------
5- مصنع ---------

Q14/ Choose the appropriate verb and its correct form/tense from the list below to fill in the gaps.

(سكن - عمل - أخذ - عرف - ترك - فعل - هرب - لعب - فتح - سأل - لبس - درس)

1- ماذا _____ يوم السبت، يا أحمد؟
2- صديقي لا _____ في نهاية الأسبوع.
3- _____ المكتبة الساعة التاسعة صباحا كل يوم.
4- لا أحب أن _____ في هذا البيت.
5- _____ الطلاب الأستاذ عن الكلمات الجديدة.
6- متى _____ المدرسة اليوم، يا أولاد؟
7- مَن _____ من درس العربية!
8- في الصيف القادم _____ عطلة في روما ونرجع بعد أسبوعين.
9- هل _____ الفستان الجديد في الحفلة البارحة؟
10- أختي _____ الكرة الطائرة كل أسبوع.
11- أنا وأصدقائي _____ العربية الصيف الماضي.
12- لا _____ اسم الأستاذة الجديدة!

Q15/ Translate the following sentences into Arabic.

1- I sit at the library usually after my classes in the afternoon.
_____ .

2- We watch English football on TV every Saturday.
_____ .

3- This museum is closed until next weekend.
_____ .

4- Do you need a help to do your homework?
_____ ؟

5- We will be late to the meeting this morning.
_____ .

Q16/ Complete the following table (present tense).
The first verb conjugation forms are an example.

PRESENT TENSE

They f/p	They m/p	They/du m/f	She	He	You f/p	You m/p	You/du	You/f	You/m	We	I
يذهبنَ	يذهبونَ	يذهبانِ تذهبانِ	تذهب	يذهب	تذهبنَ	تذهبونَ	تذهبانِ	تذهبينَ	تذهب	نذهب	أذهَب
											أدرُس
											أعمَل
											أسكُن
											أعرِف
											أسمَع

Q17/ Translate the following sentences into English.

1- يخرج الناس إلى الحدائق عندما يكون الجو مشمسا.

....

2- لا أفطر في الصباح، لكن أشرب قليلا من القهوة.

....

3- تساعد فاطمة أمها في تنظيف البيت.

....

4- هل تفضلون السفر بالطائرة أم بالقطار؟

.... ؟

5- العمل في الأمم المتحدة مفيد وممتع، لكن يحتاج إلى خبرة.

....

Q18/ Rewrite the following text in the past tense and make the necessary changes.

حياتي اليومية

مرحبا، أنا زيد وأنا محاسب في بنك عربي. كل يوم أترك البيت الساعة الثامنة صباحا، وأذهب إلى العمل عادة بالباص، ولكن أحيانا أذهب بالقطار. دائما أعمل حتى الساعة الواحدة ظهرا، ثم آكل الغداء الساعة الواحدة. عادة آكل بيتزا، ولكن أحيانا آكل ساندويج الدجاج أو السمك. لا أشرب القهوة أبدا بعد الغداء. في الساعة السادسة مساءا أرجع إلى البيت عادة مع صديقي أحمد بسيارته القديمة. عادة آكل العشاء في البيت الساعة التاسعة، ولكن أحيانا أخرج إلى وسط المدينة مع زوجتي وأولادي، ونأكل في مطعم لبناني أو فرنسي، ونرجع إلى البيت بالتاكسي.

Q19/ Write the following numbers in the ordinal form (M/F).

		M	F
-1	11	----------	----------
-2	12	----------	----------
-3	16	----------	----------
-4	20	----------	----------
-5	31	----------	----------
-6	42	----------	----------
-7	67	----------	----------
-8	100	----------	----------
-9	289	----------	----------
-10	1000	----------	----------

Q20/ Read the text and decide whether the following sentences are true or false and correct the false ones.

false = خاطئة　　true = صحيحة

مرّاكش

مراكش مدينة تاريخية قديمة تقع في جنوب المغرب، وتوجد فيها آثار قديمة وجميلة مثل جامع (الكتبية) وجامع (الفَنا). السياح عادة يزورون مراكش، ويحبون لون المدينة الأحمر وجوّها المشمس. في الصيف عادة يكون الجو حارا جدا في المدينة، وفي الشتاء يكون باردا في الليل ومعتدلا في النهار. تَتَمَيَّز المدينة بأشجار النخيل الجميلة في كل شارع وبالحدائق الكبيرة والجميلة كحديقة (المَنارة) في غرب المدينة.

في مراكش فنادق قديمة ومشهورة مثل فندق (المأمونية)، وفي هذا الفندق حديقة جميلة ومطعم كبير، حيث ينزل فيه كثير من الشخصيات المشهورة في العالم. وفي الماضي نزل فيه رئيس الوزراء البريطاني (وِنستون تشيرتشل) والممثّلة (إلزابيث تَيلر).

في مراكش أيضا سوق قديم اسمه (السمارين) وهو قريب من جامع (الفنا) المعروف. يذهب السياح عادة إلى هذا السوق، ويشترون التحف العربية والملابس المغربية. ويأكلون في السوق الأطعمة المغربية المشهورة مثل الكسكس والطجين، ويشربون الشاي المغربي مع الحلويات العربية. بعد ذلك يزور السياح جامع (الفنا)، ويرجعون إلى الفندق بسيارات الأجرة (التاكسي) أو بالحَنطور (عربة الحصان).

كل السياح يحبون مدينة مراكش والمدن المغربية الأخرى كثيرا، ويريدون أن يرجعوا إليها مرة أُخرى.

1- اللون الأزرق هو لون البيوت في مدينة مراكش. ----------------------------.

2- الجو في الشتاء في مدينة مراكش معتدل في الليل. ----------------------------.

3- حديقة المنارة تقع في غرب مراكش. ----------------------------.

4- عادة يزور السياح أولا جامع (الفنا) ثم يذهبون إلى سوق (السمارين).

--.

5- يزور السياح المغرب مرة واحدة فقط. ----------------------------.

Q21/ Choose the correct word between brackets to fill in the gaps.

1- في أيام الطفولة _____ الموسيقى. (درست - أدرس - سأدرس)

2- أسرتي _____ كبيرة. عندي أخ واحد فقط. (ليس - لا - ليست)

3- زوجها يعمل في شركة كبيرة، _____ يسافر كثيرا. (لأنه - لذلك - عندما)

4- _____ الكتاب من المكتبة. (قرأت - تركت - أخرجت)

5- في دمشق أسواق _____. (قديمات - قديمة - قديم)

6- _____ الأولاد من نفس المدرسة. (ذلك - هذا - هؤلاء)

7- السنة القادمة _____ الجامعة. (سأدخل - سأتخرج - سألتحق)

8- أنا تعبان جدا، لأني عملت _____ هذا الأسبوع. (جدا - كثيرا - بعد)

9- درست اللغة الألمانية _____ درست اللغة العربية. (قبل - بعد - ثم)

10- أسرتي _____ في فندق عندما تذهب إلى بيروت. (تسكن - تنزل - تنام)

Q22/ Write the plural of the following words.

1- رقم _____

2- زميل _____

3- كتاب _____

4- زوج _____

5- رأس _____

6- صوت _____

7- رفيق _____

8- مدينة _____

9- أسد _____

10- جسم _____

11- حرب _____

12- فندق _____

Q23/ Read the text (advertisement) and write a question to each of the following answers.

مرحبا بكم في الرحلات النهرية في نهر النيل

نقدم لكم نوعين من الرحلات النهرية:

1- الرحلات القصيرة: 5 ساعات

وقت الرحلة من الساعة الثامنة مساءا حتى الساعة الواحدة صباحا، وتكون حول نهر النيل في مدينة القاهرة. يتكوَّن العشاء في هذه الرحلة من السمك المشوي مع المكرونة والسلطة أو الدجاج المقلي مع الرز والسلطة، والمشروبات هي الشاي والقهوة والعصير وغيرها. سعر التذكرة: 50 دولارا لكل شخص (مع العشاء).

2- الرحلات الطويلة: 6 أيام

وقت الرحلة من يوم السبت حتى يوم الجمعة في كل أسبوع، وتبدأ من مدينة أسوان إلى مدينة الأقصر والعودة إليها. وقت الفطور بين الساعة 7-10 صباحا، ويتكون الفطور من الجبن الفرنسي والإيطالي والجبن العربي والبيض واللبن والخبز، مع الشاي والقهوة والعصير. وقت الغداء بين الساعة 12-3 ظهرا، ويتكون الغداء عادة من السمك المشوي مع المكرونة والسلطة أو الدجاج المقلي مع الرز والسلطة أو البيتزا مع اللحم أو الخضراوات أو المكرونة مع سمك التونة. والمشروبات هي الشاي والقهوة والعصير والخمر وغيرها. وقت العشاء بين الساعة 8-11 ليلا، والعشاء مثل الغداء إضافة إلى البرياني مع الدجاج أو اللحم. والمشروبات هي الشاي والقهوة وأنواع العصائر وغيرها، إضافة إلى الخمر الفرنسي. في القارب غرف لشخص أو شخصين ومطعم كبير وبار ومسبح وسينما. وفي هذه الرحلة زيارة لمدينة الأقصر لمشاهدة الآثار المصرية القديمة فيها. سعر التذكرة: 500 دولار لكل شخص.

1- _____ ؟ في نهر النيل حول مدينة القاهرة.
2- _____ ؟ بخمسين دولارا.
3- _____ ؟ من يوم السبت حتى يوم الجمعة.
4- _____ ؟ جبن وبيض ولبن وخبز.
5- _____ ؟ فرنسي.

Q24/ Choose the correct word between brackets to fill in the gaps.

1- المطاعم والفنادق في لندن .... (غالية - غاليات - غاليان)

2- أسكن في جنوب المدينة .... أعمل في مطعم قريب. (بسبب - حيث - لكي)

3- في .... يسقط المطر كثيرا في أوربا. (الصيف - الربيع - الشتاء)

4- تأخرت عن موعد القطار فأخذت القطار .... (الأخير - الأخرى - الآخر)

5- .... أحضر الاجتماع أمس. (لم - لا - لن)

6- اليوم أنا تعبان جدا .... سأبقى في البيت. (لأني - لذلك - بسبب)

7- في السنة أربعة .... (فصال - فواصل - فصول)

8- أعرف هذه الطالبة، لكن لا .... اسمها. (أحفظ - أنسى - أتذكر)

9- في هذا المكتب ثلاث .... (موظفين - موظفات - موظفَين)

10- لا .... أن أقرأ هذه الرسالة. (أعرف - أتذكر - أستطيع)

Q25/ Translate the following sentences into Arabic.

1- Who is going to take part in this new project?

؟...

2- I remember a lot about my childhood and my school in Tunisia.

....

3- Basketball is my favorite hobby and I play it with my friends every week.

....

4- I take my son to school every day.

....

5- The exam was not difficult, but too long!

!...

Q26/ Choose the correct word from the list below to fill in the gaps.

(منطقة - أقضي - حيث - أعود - أصل - فيها - أكثر - متزوجة - انتقلنا - أتناول)

ليلى

أنا ليلى علي سليمان. أنا بريطانية، لكن من ______ عربي. أبي من الأردن وأمي من لبنان. ______ إلى إنجلترا عندما كنت في السنة التاسعة من عمري. نسكن في غرب مدينة لندن في ______ (أكتن) في بيت صغير. أبي محامٍ يعمل في شركة قانونية وأمي رَبَّة بيت. عندي أخت واحدة اسمها سارا، وهي ______ وتعيش مع زوجها وأطفالها الثلاثة في باريس، ______ تعمل محاسبة في بنك. أنا طالبة في جامعة لندن في السنة الثانية وأدرس ______ علم النفس. أذهب إلى الجامعة عادة بقطار الأنفاق، ولكن ليست عندي محاضرات كل يوم. ______ الغداء عادة مع زملائي في الجامعة ثم أجلس في المكتبة ساعتين أو ______ لأقرأ دروسي، أو أحضر بعض المحاضرات. في المساء أترك الجامعة عادة الساعة السادسة و ______ إلى البيت. في نهاية الأسبوع لا أدرس عادة، و ______ كل الوقت غالبا مع أسرتي أو أخرج أحيانا مع أصدقائي إلى السوق أو المطعم أو السينما أو المسرح.

Q27/ Read the same text (answers section /P: 178) and answer the following questions.

1- متى انتقلت أسرة ليلى إلى إنجلترا؟ ______.

2- هل تعمل والدة ليلى؟ وماذا تعمل؟ ______.

3- أين تسكن أخت ليلى؟ ومع من؟ ______.

4- ماذا تفعل ليلى عادة في الجامعة ظهرا؟ ______.

5- كيف تقضي ليلى نهاية الأسبوع عادة؟ ______.

Q28/ Read the text and answer the following questions.

عطلة أحمد في الصيف القادم

في الصيف القادم سأذهب مع أسرتي إلى الهند، وسننزل في فندق في وسط مدينة دلهي. في اليوم الأول سنذهب إلى تاج محل في مدينة (أجرا)، وسنزور المتحف الوطني ونرى الآثار الهندية القديمة. بعد ذلك سنذهب إلى أحد المطاعم الهندية المعروفة، وسآكل الدجاج المشوي بالفرن (التندوري)، لأني أحبه كثيرا خصوصا مع التوابل الهندية الحارة. وسيأكل أبي السمك المقلي مع الرز، لكنه لن يأكل أي طعام حار، لأنه مريض. أمي وأخي وأختي سيأكلون البرياني مع الكباب والسلطة. في اليوم الثاني سنذهب إلى حديقة الحيوانات وسنقضي كل اليوم هناك، لأن الحديقة واسعة وجميلة وفيها حيوانات كثيرة من مختلف دول العالم. سآخذ صورا كثيرة بكاميرتي الجديدة للحيوانات المتوحشة كالأسد والنمر والأفعى، والحيوانات الأخرى كالقرد والفيل والجمل والزرافة وغيرها. في اليوم الثالث ستذهب أمي مع أختي إلى الأسواق الشعبية المعروفة في المدينة لتشتري بعض الملابس الهندية. وفي المساء سنذهب معا إلى السينما لنشاهد أحد الأفلام الهندية، فنحن نحب الأفلام والأغاني الهندية كثيرا. في اليوم الرابع لن أخرج من الفندق، وسأبقى في غرفتي في الصباح لأكتب بعض الرسائل لأصدقائي، وسنقضي بقية اليوم في مسبح الفندق. لا أعرف ماذا سنفعل في بقية الأيام، لكن سنرى! ربما سنذهب إلى مدن هندية أخرى. بعد أسبوع سنرجع جميعا إلى الوطن وستكون رحلة سعيدة بالتأكيد.

1- ماذا ستفعل الأسرة في اليوم الأول؟
....

2- ماذا سيأكل الأب في المطعم الهندي؟
....

3- هل الأسد والجمل من الحيوانات المتوحشة؟
....

4- من سيذهب إلى الأسواق الشعبية؟ ولماذا؟
....

5- أين ستذهب الأسرة في اليوم الرابع؟
....

Q29/ From the same text, write a question to each of these answers.

1- ....؟ في الصيف القادم.
2- ....؟ لأنه مريض.
3- ....؟ إلى حديقة الحيوانات.
4- ....؟ بكاميرته الجديدة.
5- ....؟ لأصدقائه.
6- ....؟ في مسبح الفندق.

Q30/ Read the same text and correct the following sentences.

1- الفندق قريب جدا من تاج محل. ....
2- ستزور الأسرة المتحف الوطني في اليوم الثاني. ....
3- الأم لا تحب الأفلام الهندية، وستذهب إلى السوق الشعبي. ....
4- ستذهب الأسرة إلى مدينة مومباي في بقية الأيام. ....
5- ستبقى الأسرة في الهند لأسبوعين. ....

Q31/ Find the correct reply or question from group (B) to complete the following conversation.

مُحادَثة

A	B
- مرحبا.	- مرحبا.
- أنا سام، وأنتِ؟	- أنا سارا.
- أهلا وسهلا.	- أهلا وسهلا.
- هل أنت طالبة في هذه الجامِعة؟	- نعم، صعبة جدا! وماذا عن التاريخ؟
- أنا أيضا طالب في هذه الجامعة.	- أنا أدرس الهندسة.
- أدرس التاريخ. وأنت؟	- أنا أذهب دائما مَشيا، لأن بيت الطلاب قريب من الجامعة.
- في أي سنة أنت؟	- ماذا تدرس؟
- أنا في السنة الثالثة. هل الهندسة صَعبة؟	- نعم، وأنت، أين تسكن؟
- التاريخ سهل، لكن يحتاج إلى دِراسة أيضا.	- من أين أنت؟
- أنا من إنجلترا. وأنت؟	- كيف تذهب إلى الجامعة عادة؟
- هل أنت من باريس؟	- نعم، أنا من باريس... من أين أنت؟
- أنا من لندن. هل تسكنين في بيت الطُلّاب؟	- أنا في السنة الثانية. وأنت؟
- أسكن مع أسرتي في جنوب لندن.	- نعم، عندي درس بعد قليل. وأنت؟
- أذهب بالباص، لكن أحيانا أذهب بالقطار.	- أنا سعيدة بِلِقائك!
- هل عندك دروس اليوم؟	- نعم، أنا طالبة في هذه الجامعة. وأنت؟
- ما عندي دروس اليوم، لكني أدرس عادة في المكتبة أو أكتب واجباتي.	- أنا من فرنسا.
- وأنا أيضا. حَظّ سَعيد!	- وأنت أيضا. مع السلامة.
- مع السلامة.	

Q32/ Reply (in full sentences) to the following questions.

1- هل تحب أن تذهب إلى السوق يوم السبت؟
....

2- هل تحبين أن تشربي القهوة في الفطور؟
....

3- هل تحبون أن تسبحوا في البحر في الصيف؟
....

4- هل تريد أن تدرس في هذه الجامعة؟
....

5- هل تريدين أن تقرئي هذه القصة؟
....

6- هل تريدون أن تشاهدوا هذا الفلم؟
....

7- هل تفضل القهوة أم الشاي؟
....

8- هل تفضلين السينما أم المسرح؟
....

9- هل تفضلون أن تسافروا إلى الهند أم البرازيل؟
....

10- هل تحبان أن تلعبا كرة القدم أم الركبي؟
....

Q33/ Translate the following sentences into English.

1- بيتنا في الطابق التاسع من هذه البناية.
....

2- كيف أحفظ كل الكلمات قبل الامتحان!
....

3- تدرّس أختي الرياضيات في مدرسة ابتدائية.
....

4- لا نأكل الفطور عادة قبل الساعة الثامنة.
....

5- ما هي عاصمة المملكة المغربية؟
....

Q34/ Read the text and decide whether the following sentences are true or false and correct the false ones.

حديقة (الماجوريل)

حديقة (الماجوريل) هي حديقة مشهورة تقع في وسط مدينة مراكش في بيت الرسام الفرنسي (جاك ماجوريل)، الذي اشتراه مُصَمّم الأزياء الفرنسي (إيف سان لرون) في سنة 1980. كثير من السياح يزورون هذه الحديقة كل سنة بالسيارة أو بالحنطور، ويأخذون صورا جميلة مع عائلاتهم وأصدقائهم بين أشجار النخيل.

لون البيوت في مدينة مراكش عادة أحمر، لكن لون هذا البيت أزرق وهو مشهور بهذا اللون. وفي هذا البيت محل صغير يبيع الملابس المغربية والأوربية من مصنع (إيف سان لرون) في المغرب. وهناك أيضا متحف إسلامي في هذا البيت، وفيه تحف عربية جميلة ومختلفة جُمِعَت من إفريقيا وآسيا.

تفتح حديقة (الماجوريل) طَوال السنة من الأول من شهر أكتوبر/تَشرين الأول إلى الثلاثين من أبريل/نَيسان من الساعة الثامنة صباحا حتى الساعة الخامسة والنصف بعد الظهر، ومن الأول من شهر مايو/أيّار إلى الثلاثين من سبتمبر/أيلول من الساعة الثامنة صباحا حتى الساعة السادسة بعد الظهر. لكن في شهر رمضان تفتح من الساعة التاسعة صباحا حتى الساعة الخامسة بعد الظهر. ثمن التذكرة للدخول إلى الحديقة 40 درهما، وإلى المتحف 20 درهما.

1- اشترى جاك ماجوريل البيت في حديقة (الماجوريل) من إيف سان لرون.
....

2- لون البيت في (حديقة الماجوريل) أزرق.
....

3- مصنع (إيف سان لرون) في المغرب يبيع الملابس الأوربية فقط.
....

4- لا تفتح حديقة (الماجوريل) يوم الأحد.
....

5- أوقات الدخول لحديقة (الماجوريل) في شهر رمضان أقل.
....

6- تذكرة الدخول إلى المتحف بأربعين درهما.
....

Q35/ From the same text (Majorelle Garden), write a question to each of the following answers.

1- ....؟ في وسط مراكش.

2- ....؟ إيف سان لرون.

3- ....؟ بالسيارة أو الحنطور.

4- ....؟ من إفريقيا وآسيا.

5- ....؟ 8 صباحا.

6- ....؟ 40 درهما.

Q36/ Write the comparative form of the following adjectives.

1- بعيد ....

2- قديم ....

3- نظيف ....

4- جديد ....

5- سعيد ....

6- رخيص ....

7- قصير ....

8- حلو ....

9- لطيف ....

10- كريم ....

Q37/ Fill in the gaps with an appropriate adjective (comparison form).

1- هذا الولد .... من هذه البنت.

2- باريس .... من مدريد.

3- بيتي .... بيت في الشارع.

4- في الشتاء النهار .... من الليل.

5- نهر النيل .... نهر في العالم.

6- جدي .... من جدتي.

7- يوم الخميس .... يوم في الأسبوع.

8- مطعم (نورا) .... من مطعم (مروش) في لندن.

9- جامعتي .... جامعة في بريطانيا.

10- دمشق .... عاصمة في العالم.

11- في الشتاء الجو في موسكو ....

12- الامتحان الأول كان .... من الامتحان الثاني.

Q38/ Read the text and <u>correct</u> the following sentences.

نهر النيل

النيل نهر طويل جدا ومعروف في إفريقيا. هو أطول نهر في العالم وطوله 6650 كيلومترا، ويجري في 11 دولة إفريقية. لنهر النيل رافدان هما: النيل الأبيض والنيل الأزرق. يبدأ النيل الأبيض في وسط إفريقيا من بُحَيرة (فِكتوريا) في تنزانيا وأوغندا وكينيا ثم يجري حتى جنوب السودان، ويبدأ النيل الأزرق من بحيرة (تانا) في إثيوبيا. 80% من الماء في نهر النيل يأتي من النيل الأزرق خاصة في فصل الصيف.

يجتمع النيل الأبيض والنيل الأزرق في مدينة الخرطوم عاصمة السودان في نهر واحد هو نهر النيل. ويستمر هذا النهر إلى الشمال حتى مدينة القاهرة في مصر ثم إلى البحر المتوسط.

نهر النيل مهم جدا لكل الناس في مصر والسودان والبلاد الإفريقية الأخرى، لأن الناس في هذه البلاد يعملون في الزراعة، حيث يزرعون الفواكه والخضراوات والأشجار المختلفة، ويحتاجون إلى الماء في هذا النهر. وبعضهم يعمل في صيد السمك من النيل، حيث يأكلونه أو يبيعونه.

يذهب كثير من السياح من أوربا وأمريكا وبقية دول العالم إلى مصر في فصل الشتاء غالبا، لأن الجو فيها يكون دافئا. ويزورون مدينة الأقصر في جنوب مصر، لأنها مدينة تاريخية قديمة جدا وفيها متاحف وآثار فرعونية كثيرة. وينزلون عادة في فندق قريب من

نهر النيل ويمشون حول النهر ليلا أو نهارا. بعض السياح يأخذ رحلة نهرية بالقارب، ويأكلون الغداء أو العشاء في المطاعم العربية المشهورة التي تقدم الأطعمة والمشروبات المصرية والعربية الشهية مثل السمك المشوي والدجاج المقلي والكباب والفلافل والشاي العربي والقهوة وغيرها.

1- الماء في نهر النيل الأزرق كثير في الشتاء.
.------
2- نهر النيل يجري من الغرب إلى الشرق.
.------
3- نهر النيل مهم جدا للناس، لأنهم يشربون الماء منه فقط.
.------
4- المصريون لا يأكلون السمك أبدا، ولكن يبيعونه للسياح.
.------
5- الجو في مصر بارد جدا في الشتاء.
.------

Q39/ Read the same text (Nile River) and answer the following questions.

1- من أين يبدأ النيل الأزرق؟
.------
2- ماذا يعمل الناس عادة في البلاد الإفريقية حول نهر النيل؟
.------
3- متى يزور السياح مصر عادة؟ ولماذا؟
.------
4- ماذا يحب السياح في مدينة الأقصر؟
.------
5- ماذا يأكل السياح في المطاعم في مدينة الأقصر عادة في العشاء؟
.------

Q40/ Translate the following sentences into Arabic.

1- I travel to India every year.

.--

2- We have been living in this building since last summer.

.--

3- What do you (pl) usually do at the week-end?

؟--

4- I have two brothers and three sisters.

.--

5- Students usually study at the library.

.--

Q41/ Choose the appropriate noun / adjective from the list below to fill in the gaps and make the necessary changes. Use each word once.

(قهوة - درس - زميلة - مطعم - أستاذ - حديقة - صيف - ساعة - طابق - عطلة)

(قادم - قريب - كثير - إسباني - بارد - عاشر - عربي - جديد - طويل - سادس)

1- في ---------- ---------- سنذهب إلى تونس.

2- هل عندكم ---------- ---------- في الفصل الدراسي القادم؟

3- كل يوم أحد نمشي في ---------- ----------.

4- ---------- ---------- يدرس في هذه الجامعة.

5- لا أحب ---------- ---------- أبدا.

6- عندي موعد مع أستاذي ---------- ----------.

7- نأكل يوم السبت في ---------- ----------.

8- لا نعرف اسم ---------- ----------.

9- مكتبي في ---------- ---------- في هذه البناية.

10- أخذنا ---------- ---------- بعد الامتحانات.

Q42/ Complete your (CV) below.

السيرة العلمية (الذاتية)

الاسم الكامل: ....

محل وتاريخ الولادة: ....

عنوان السكن: ....

رقم الهاتف الأرضي: ....

رقم الهاتف الجَوّال (الموبايل): ....

البريد الإلكتروني: ....

الخِبرات:
....
....

المُؤهّلات:
1- ....
2- ....
3- ....

التوصِيات:
1- ....
2- ....
3- ....

الهِوايات:
1- ....
2- ....
3- ....

Q43/ Read the text and answer the following questions.

ليلة في فندق (بُرج العَرَب) في دبي

فندق برج العرب هو أحد الفنادق الكبيرة والمشهورة في العالم، ويقع في الإمارات العربية المتحدة في مدينة دبي في جزيرة صغيرة جدا في منطقة جميرة. يبعد الفندق عن الشاطئ 100 متر فقط، وارتفاعه 321 مترا، وفيه 60 طابقا. مالك الفندق هو الشيخ محمد بن راشد أمير دبي، وصمَّمه المهندس المعماري توم رايت من شركة (أتكنز). وكلَّف بناء البرج 650 مليون دولار أمريكي، وهو فندق سبعة نجوم. في سنة 2006 حصل الفندق على جائزة السياحة العالمية.

في الفندق جناحان: الجناح البانورامي ومساحته بين 225-315 مترا، وسعر الليلة فيه هو 5400 درهم، والجناح العادي (ديلوكس) ومساحته 170 مترا، وسعر الليلة فيه 4300 درهم.

يعيش في دبي كثير من الناس من أوربا وأميركا وآسيا والشرق الأوسط ويعملون فيها. والجو في دبي عادة يكون حارا قليلا ومشمسا في الشتاء، لكنه حار جدا في الصيف، ولذلك يسافر كثير من الناس في دبي إلى أوربا والولايات المتحدة ودول أخرى في هذا الفصل. في كل سنة كثير من السياح من العالم يأتون إلى دبي، وينزلون في فنادقها المريحة والجميلة، ويأكلون الطعام العربي والشرقي في المطاعم المشهورة فيها، ويشترون الملابس والهدايا

الغالية من أسواقها الكبيرة. وبعض السياح الأغنياء ينزلون في فندق برج العرب.

كل الزائرين لدبي يحبونها خصوصا في فصل الشتاء، ومنهم أحمد سليمان. هو مهندس مصري يعمل في الكويت في شركة كبيرة، وزوجته دنيا أيضا من مصر. ذهب أحمد إلى دبي في السنة الماضية، ونزل في فندق برج العرب مع زوجته للاحتفال بذكرى زواجهما الأولى، حيث نزلا في الجناح البانورامي لليلة واحدة. وقت الدخول إلى الفندق هو الساعة الثالثة ظهرا، ووقت المُغادرة هو الساعة الثانية عشرة ظهرا. وصل أحمد مع زوجته إلى الفندق وجلسا في قاعة الجلوس (اللوبي) قليلا، ثم ذهبا إلى جناحهما.

الجناح يتكوّن من طابقين: في الطابق الأول هناك مكتب مع حاسوب وشبكة معلومات (إنترنيت) ومائدة طعام وغرفة ملابس وحمّام. وفي الطابق الثاني سرير كبير وحمام كبير. هناك خادم لكل جناح، يساعد الضيوف ويجلب لهم الفطور والجرائد والمجلات وكل شيء يحتاجونه. جلس أحمد في الجناح وقرأ الجرائد حتى المساء ثم ذهب مع زوجته إلى السوق بسيارة تاكسي كانت أمام الفندق. اشترى أحمد بعض الملابس والهدايا لأصدقائه، وزوجته أيضا اشترت بعض الملابس والهدايا لأسرتها وصديقاتها.

في صباح اليوم الثاني أحمد وزوجته أكلا الفطور في مطعم الفندق، وكان فطورا لذيذا. بعد ذلك مشيا حول الفندق وأخذا صورا كثيرة وجميلة للفندق وللبحر. في الساعة الثالثة ظهرا ترك أحمد وزوجته الفندق وذهبا إلى مطار دبي ورجعا إلى الكويت.

أحمد يحب فندق برج العرب كثيرا وزوجته أيضا تحبه، وفي المستقبل سيعودان إلى دبي وينزلان في نفس الفندق.

1- بكم الليلة في الجناح العادي في فندق برج العرب؟

....

2- من أين أحمد؟ وأين يعمل؟

....

3- أين نزل أحمد وزوجته في فندق برج العرب؟ وكم ليلة؟

....

4- أين ذهب أحمد وزوجته في المساء؟ وكيف؟

....

5- ماذا فعل أحمد في الفندق بعد الفطور؟

....

Q44/ From the same text (Burj Al-Arab), <u>correct</u> these sentences.

1- ذهب احمد إلى فندق برج العرب للعمل فيه.

....

2- دخل أحمد الفندق الساعة الواحدة صباحا.

....

3- اشترى الخادم لأحمد وزوجته بعض الملابس.

....

4- ترك أحمد مدينة دبي ورجع إلى مدينة القاهرة.

....

5- أحمد يحب فندق برج العرب، ولكن زوجته لا تحبه.

....

Q45/ Complete the following table (imperative verb). The first verb conjugation forms are an example.

Imperative Conjugation Forms

You/f-pl	You/ m-pl	You/dual	You/f	You/m	Infinitive
اذهبنَ	اذهبوا	اذهبا	اذهبي	اذهب	ذَهَب / يذهَب
					دَرَس / يدرُس
					قَرَأ / يقرَأ
					سَمِع / يسمَع
					جَلَس / يجلِس

Q46/ Choose the appropriate word (noun) from each list below to form a genitive case and fill in the gaps. Use each word once.

(بيت - جريدة - مركز - جامعة - نهاية - مدينة - عنوان - أستاذة - فصل - حفلة)

(بيروت - الجامعة - الأسبوع - الطلاب - الصيف - الكيمياء - بوردو- الفلم - المدينة - اليوم)

1- ندرس في ....

2- زوجتي فرنسية من ....

3- أسكن مع صديقي في ....

4- أبي يعمل في شركة في ....

5- .... اسمها سامية.

6- لا أعمل في ....

7- في .... ليست هناك أخبار جديدة!

8- أين سمعت عن ....؟

9- هل تعرفون ....؟

10- نسافر في .... إلى كينيا.

Q47/ Rewrite the following conversation between Ahmed and Zeinab in the correct order.

1- أحمد: مرحبا، زينب.

2- زينب: مرحبا، أحمد.

3- هل تحبين القهوة بالحليب؟

4- أنا بخير... شكرا، وأنتَ؟

5- لا، لا أحب القهوة بالسكر.

6- أدرس القانون.

7- كيف الحال؟

8- لا، ليس صعبا، لكن يحتاج إلى دراسة كثيرة. وأنت، ماذا تعمل أو تدرس؟

9- ماذا تدرسين في الجامعة؟

10- أنا بخير... تفضلي.

11- نعم، أحب القهوة بالحليب.

12- ماذا تعملين؟

13- شكرا.

14- هل القانون صعب؟

15- ماذا تشربين؟

16- هل تحبين القهوة بالسكر؟

17- في الصباح أدرس في الجامعة، وفي المساء أعمل في مطعم.

18- رجل كسلان!

19- أشرب قهوة من فضلك.

20- أنا!!! أنا لا أعمل ولا أدرس. فقط آكل وأشرب وألعب وأنام.

Q48/ Read the text and decide whether the following sentences are true or false and correct the false ones.

الصوم في رمضان

A

شهر رمضان هو شهر الصوم للمسلمين في كل العالم، وهو الشهر التاسع في التقويم الهِجري. ويحتفل الناس بشهر رمضان في كل البلاد العربية والإسلامية، وهي مناسبة دينية وثقافية أيضا. يصوم المسلمون في هذا الشهر كل النهار، فلا يأكلون ولا يشربون من الفجر حتى غروب الشمس. وعدد أيام الشهر، مثل بقية الشهور الهجرية، هو تسعة وعشرون يوما أو ثلاثون يوما. والصوم واجب على كل مسلم ومسلمة، ولذلك كل الناس يصومون في هذا الشهر إلا المرضى والمسافرين والصغار، لأنهم معذورون بسبب المرض أو السفر أو العمر. لكن بعض الناس يشجع أطفالهم الصغار على الصوم لأيام قليلة ليكونوا قادرين على الصوم عندما يكبرون.

B

في رمضان يأكل الناس عادة وجبتين: الأولى قبل الفجر وتسمى وجبة السحور، وغالبا تكون وجبة خفيفة مثل الفطور في الأيام الأخرى، والوجبة الثانية تكون بعد غروب الشمس وتسمى الإفطار، وهي الوجبة الأساسية. وبعض الناس لا يأكل وجبة السحور ويمكنه الصوم بلا سحور، لكنهم أحيانا يشعرون بالجوع أو التعب أثناء النهار، وهذا غير مفيد لصومهم ولصحتهم أيضا. في وقت الظهر يرجع الناس إلى بيوتهم عادة وينامون قليلا أو يستريحون بعد يوم من العمل أو الدراسة. وقت الإفطار يبدأ عندما تغيب الشمس، حيث تبدأ العائلة بإعداد وجبة الإفطار قبل ذلك بساعة أو ساعتين. والأم عادة هي التي تعد الإفطار، ولكن الأب والأولاد يساعدونها في إعداد مائدة الإفطار التي تكون عادة شهية ومختلفة عن بقية أيام السنة.

C

بعد الإفطار تغسل الأم أو البنات الأطباق وينظف الأولاد المطبخ ثم تجلس الأسرة أمام التلفزيون لتشاهد البرامج والمسلسلات المختلفة الخاصة في هذا الشهر على القنوات الفضائية (الساتلايت)، وهي مسلسلات جميلة وممتعة،

بعضها ديني أو تاريخي أو دراما. وبعض الناس يذهب في المساء إلى المساجد (الجوامع) ويصلّون فيها صلاة (التراويح) التي تكون عادة في المساء بعد صلاة (العِشاء) لساعة أو ساعتين ثم يعودون إلى البيت. وبين الإفطار والسحور يتناول الناس بعض الوجبات الخفيفة أو الحلويات والفواكه، ويشربون كثيرا من المشروبات الحارة كالشاي والقهوة أو الباردة كعصير البرتقال والتفاح وعصير (قمر الدين) الذي يحبه كثير من الناس في هذا الشهر والمشروبات الغازية وغيرها. عادة تزور الأسرة الأقارب والجيران في المساء في رمضان، وبعض الرجال يخرجون إلى المقاهي ليقابلوا أصدقاءهم ويشربوا الشاي والقهوة وغيرهما ويتكلموا عن العمل أو الدراسة أو الصوم في رمضان وغير ذلك. في منتصف الليل يذهب أفراد الأسرة عادة إلى النوم، ولكن بعضهم لا ينام، ويسهر حتى وقت (السحور) ليدرس أو يقرأ الجرائد والمجلات أو يشاهد التلفزيون.

D

رمضان يأتي أحيانا في فصل الشتاء، حيث يكون النهار قصيرا في بلاد الشرق الأوسط (9 ساعات تقريبا) ويكون الليل طويلا (15 ساعة تقريبا)، أو في الصيف، حيث يكون النهار طويلا والليل قصيرا. وفي بعض الدول العربية كالسعودية تتوقّف المدارس والجامعات في رمضان ويأخذ الطلاب عطلة في هذا الشهر، وكذلك تكون ساعات العمل أقل للموظفين الذين يعملون في المستشفيات والبنوك والمكاتب الحكومية الأخرى.

E

معظم الناس يصحون قبل الفجر بساعة ويتناولون وجبة السحور ويشربون بعض الماء، ليكونوا مستعدّين لصوم نهار طويل. وفي كل منطقة أو حَيّ هناك رجل يسمى (المسحراتي) يمشي في رمضان في شوارع المنطقة أو الحي مع طبلة صغيرة يضرب عليها ليوقظ الناس قبل الفجر. ولكل منطقة مسحراتي مشهور يعرفه كل الناس فيها، وخصوصا الأطفال الذين يحبونه كثيرا لأنه طيب ولطيف. وبعض المناطق ليس فيها مسحراتي والناس يستيقظون عادة على ساعة المنبّه أو يسهرون كل الليل وينامون بعد الفجر.

1- عدد الأيام في شهر رمضان 29 يوما في كل سنة.
....

2- الأطفال لا يصومون أبدا في شهر رمضان، لأنهم صغار.
....

3- الصوم بلا سحور جيد للصحة.
....

4- يشرب الناس عصير (قمر الدين) في شهر رمضان فقط.
....

5- في السعودية لا يعمل الموظفون في شهر رمضان.
....

Q49/ From the same text, choose the correct meaning of these words.

1- التقويم الهجري

A- Islamic law
B- Islamic world
C- Islamic calendar

2- يحتفل

A- to take part
B- to play
C- to celebrate

3- ثقافية

A- cultural
B- economic
C- politic

4- معذور

A- not allowed
B- forced
C- excused

5- يشجّع

A- to prevent
B- to encourage
C- to help

6- تغيب

A- to hide
B- to set
C- to raise

7- تتوقّف

A- to stop
B- to resume
C- to continue

8- يوقِظ

A- to wake up
B- to hurry up
C- to wake (someone) up

Q50/ Use each of the following words to write a sentence.

1- التقويم الهجري ....
2- يحتفل ....
3- ثقافية ....
4- معذور ....
5- يشجع ....
6- تغيب ....
7- تتوقف ....
8- يوقظ ....

Q51/ From the same text, answer the following questions.

1- من يطبخ الإفطار في الأسرة عادة؟ ومتى؟
....
2- أي برامج تشاهد الأسرة عادة في شهر رمضان؟ وكيف؟
....
3- ماذا يفعل الرجال عادة في المساء في شهر رمضان؟
....
4- لماذا يسهر بعض أفراد الأسرة في شهر رمضان؟
....
5- ماذا تفعل بعض الجامعات والوزارت للطلاب وللموظفين في شهر رمضان؟
....

Q52/ From the same text (paragraphs), find the synonym (similar meaning) of the following words or phrases.

1- طبخ/ يطبخ

P: B

2- يرجع

P: C

3- لا ينام

P: C

4- أيضا

P: D

5- يأكل

P: E

Q53/ You are going to Amman this year and it will be during Ramadan. After reading the text, write an email to your friend Ahmed and ask him 5 different (open) questions which are not mentioned in the text.

مرحبا أحمد،

هذا الصيف سأذهب إلى عمان في عطلة، وستكون في شهر رمضان. أرجو مساعدتك في الإجابة على هذه الأسئلة.

1- .... ؟
2- .... ؟
3- .... ؟
4- .... ؟
5- .... ؟

Q54/ Match between phrases from (A) and (B) to make full sentences.

B	A
السباحة وكرة القدم والموسيقى.	1- بعد التخرج هل تريد
في قسم العلوم السياسية.	2- من هواياتي المفضلة
وظيفة جديدة في لندن.	3- إذا شعرت بالألم، يجب
أن تذهب إلى الطبيب.	4- الدكتورة نادية تدرس
أن تعمل في الشرق الأوسط.	5- حصل محمود على
غالبا في نهاية الأسبوع.	6- لا أفطر عادة، لكن
أتناول القهوة في المكتب.	7- نشاهد البرامج الرياضية

Q55/ Roll a dice and go to the right question and then answer them until you complete this group game. If you stopped at no 17, you have to go back and start the game again.

1- من أين أنت؟ ....
2- ماذا شربت اليوم؟ ....
3- أين الاجتماع؟ ....
4- متى قرأت الجريدة؟ ....
5- من كسر الشباك؟ ....
6- كيف رجعت إلى البيت؟ ....
7- أين جلست في المكتبة أمس؟ ....
8- ماذا فعلتم الأسبوع الماضي؟ ....
9- لماذا ذهبت إلى السوق اليوم؟ ....
10- ماذا تعمل؟ ....
11- كيف الجو اليوم؟ ....
12- هل غسلت الأطباق؟ ....
13- متى الامتحان؟ ....
14- ماذا تدرس في الجامعة؟ ....
15- بكم هذا القميص؟ ....
16- من أين اشتريت هذا الكتاب؟ ....
17- اِرجع إلى البداية.
18- أين تعمل الممرضة عادة؟ ....
19- متى نظفت المطبخ؟ ....
20- كم الساعة؟ ....
21- لماذا تحب درس التاريخ؟ ....
22- ماذا طبختم في الغداء؟ ....
23- أين سافرت في الصيف؟ ....
24- ماذا ستفعلين بعد التخرج؟ ....
25- أين تعلمتم العربية؟ ....

Q56/ Change the (an + present tense verb) form into a verbal noun in the following sentences.

1- أحب أن أرجع إلى البيت مشيا.
....

2- نريد أن نطبخ السمك للعشاء الليلة.
....

3- في الصيف أفضل أن أسكن في مدينة قريبة من البحر.
....

4- هل تريدون أن تقرأوا هذه القصة؟
.... ؟

5- لا أحب أن أشرب القهوة في الفطور.
....

6- أين تفضلون أن تزرعوا هذه الشجرة؟
.... ؟

7- لا يمكن أن تدخّنوا في هذا المكان.
....

8- هل تريدون أن تعرفوا من نجح في الامتحان؟
.... ؟

Q57/ Choose the correct word between brackets to fill in the gaps.

1- السياح عادة .... الهدايا من الأسواق. (يبيعون - يشترون - يأخذون)

2- أدرس العربية .... أعمل في الشرق الأوسط. (بسبب - لذلك - لكي)

3- في رأيي، روما .... مدينة في أوربا. (أقدم - أصغر - أجمل)

4- أستمع .... الموسيقى غالبا في المساء. (إلى - بِ - في)

5- الفلافل أكلة معروفة و .... كثير من الناس. (يبيعها - يحبها - يكرهها)

6- جلست في المكتبة .... الساعة التاسعة مساءا. (من - كل - حتى)

7- الحمد لله، .... كل الامتحانات. (درست - أكملت - نجحت)

8- في السنة .... شهرا. (اثنان عشر - اثني عشر - اثنا عشر)

9- مدينة حلب .... أهم مدينة في سورية بعد دمشق. (ثاني - ثالث - رابع)

10- لبست زينب الفستان .... في الحفلة. (الخضراء - الأخضر - الخضر)

Q58/ Rewrite this conversation (at a restaurant) in the correct order.

في المطعم

الزَّبون: مرحبا.
العامِل: مرحبا. أهلا وسهلا. تَفَضَّل.

- طيّب، هل تريد شيئا آخَر بعد الغداء؟
- بالحليب، لكن بلا سكر، من فضلك.
- ماذا عندكم؟
- طيب.. وماذا تحب أن تأكل؟
- شكرا، أريد بعض الخبز العربي، من فضلك.
- قهوة بالحليب والسكر؟
- أين قائمة الطعام، من فضلك؟
- أيّة خِدمة؟ ماذا تحب أن تشرب؟
- شكرا.
- الحساب من فضلك.
- طيب.. وماذا تحب أن تأكل؟
- شكرا ... أُريد عصير التُفّاح من فضلك.
- تفضل. الحساب عشرة جنيهات من فضلك.
- نعم، هل عندكم خبز عربي؟
- نعم، أحب أن أشرب قهوة، من فضلك.
- عندنا عصير بُرتقال وعصير تُفّاح وعندنا أيضا كولا وخمر وبيرة.
- تفضل... هذه قائمة الطعام.
- طيب. ....
- نعم، عندنا خبز عربي وتركي وفرنسي.
- تفضل... شكرا.. الطعام كان شَهِيّا!. مع السلامة.
- أحب أن آكل السمك المَشوي مع السلطة والحُمُّص، من فضلك.
- شكرا ... مع السلامة.

Q59/ Read the text and answer the following questions.

عُمَر الشريف

A

وُلِد عمر الشريف في العاشر من شهر أبريل/نَيسان سنة 1932 في مدينة الإسكندرية في مصر من أسرة سورية- لبنانية. وهو سوري الأصل واسمه الحقيقي ميشيل شلهوب، وحصلت أسرته على الجنسية المصرية بعد ذلك. أكمل عمر الشريف الدراسة الابتدائية والثانوية في الإسكندرية، وكان والده تاجرا في صناعة الأخشاب. وأراد الأب أن يعمل ابنه في نفس الصناعة، ولكن الطفل (عمر) كان يحب التمثيل كثيرا، وقد بدأه عندما كان في الثانية عشرة من عمره تقريبا.

B

كانت بدايته في السينما مع المخرج يوسف شاهين في فيلم (صراع في الوادي) مع الممثّلة فاتن حمامة، وقد نجح الفلم كثيرا. وفي سنة 1955 تزوج عمر الشريف من فاتن حمامة وكان لهما ولد اسمه طارق. في بداية الستينيات قابل عمر الشريف المخرج العالمي دافيد لين الذي قدّمه في بعض الأفلام، وبعد أن نجح في فيلم (لورنس العرب) في عام 1962، أصبح عمر الشريف ممثلا مشهورا في العالم كله.

استمر عمر الشريف في العمل مع المخرج دافيد لين ومثَّل أفلاما مثل (الدكتور جيفاغو) و(الرولزرايس الصفراء) و(الثلج الأخضر) وغيرها.

C

كان عمر الشريف مشهورا في أفلامه الأجنبية بشخصية الرجل اللطيف والوسيم الذي تحبه جميع النساء، بينما كان يمثل في أفلامه العربية شخصيات مختلفة مثل الكوميدية والجادة والرومانسية وغيرها.

D

بعد أن فقد الشهرة العالمية عاد عمر الشريف إلى مصر في بداية التسعينيات، وبقي هناك بعد أن خسر أمواله التي جمعها من عمله في السينما على مائدة القمار في كازينوات أوربا وأمريكا. ومثل في مصر بعض الأفلام وظهر في بعض البرامج التلفزيونية.

E

فاز عمر الشريف بجوائز عربية وعالمية عديدة من خلال أعماله في السينما، وأهمها: جائزة (غولدن كلوب) لأفضل ممثل في عام 1966 عن فيلم (الدكتور جيفاغو)، وفي عام 1962 رُشّح لجائزة الأوسكار عن أفضل دور مساعد في فلم (لورنس العرب). وفي عام 2004 حصل على جائزة أفضل الممثلين في العالم العربي للسنوات الماضية، كما حصل على جائزة الأسد الذهبي في مهرجان فينيسيا في إيطاليا عن أفلامه العربية والعالمية.

F

في العاشر من يوليو/تموز عام 2015 تُوفّي عمر الشريف عن عمر 83 سنة في مستشفى في مدينة حلوان في مصر بعد مرض طويل.

adapted from www.arabic.rt.com/news

1- أين درس عمر الشريف في طفولته؟

....

2- كيف أصبح عمر الشريف ممثلا عالميا مشهورا؟

....

3- لماذا رجع عمر الشريف إلى مصر؟

....

4- ماذا فعل عمر الشريف بعد أن رجع إلى مصر؟

....

5- كيف مات عمر الشريف؟ ومتى؟

....

Q60/ From the same text, decide whether the following sentences are true or false and correct the false ones.

1- كان والد عمر الشريف ممثلا مثله.
....

2- حصل عمر الشريف على الجنسية المصرية بعد زواجه من فاتن حمامة.
....

3- أصبح عمر الشريف مشهورا في العالم بعد فلم (الدكتور جيفاغو).
....

4- في عام 1962 حصل عمر الشريف على جائزة الأوسكار.
....

5- خسر عمر الشريف أمواله في تجارة البيوت.
....

6- حصل عمر الشريف على جائزة الأسد الذهبي في مهرجان فينيسيا في إيطاليا عن جميع أفلامه.
....

Q61/ Choose the correct sub-title below for each paragraph in the previous text.

1- نجاحه في السينما

2- طفولته ودراسته

3- الأشياء التي حصل عليها في السينما

4- أفلامه العربية

5- عودته إلى مصر

6- الهوايات المفضلة لعمر الشريف

7- الشخصيات التي مثلها

8- الأفلام التي أخرجها

9- نهاية حياته

10- الهدايا التي حصل عليها في مصر.

Q62/ From the previous text, choose the correct meaning of the following words (verbs).

1- أكمل

A- to start
B- to finish
C- to continue

2- قابل

A- to meet
B- to visit
C- to know

3- فقد

A- to win
B- to lose
C- to obtain

4- ظهر

A- to appear
B- to produce
C- to direct

5- رُشّح

A- to be nominated (shortlisted)
B- to win
C- to be chosen

6- تُوفّي

A- to survive
B- to die
C- to be infected

Q63/ Use each of the following words (verbs) to write a sentence.

1- أكمل --.

2- قابل --.

3- فقد --.

4- ظهر --.

5- رُشّح --.

6- تُوفّي --.

Q64/ Negate the following sentences using the negative article (lam) and make the necessary changes.

1- درست اللغة العربية في جامعة عمان. ....

2- جلس أخي في الحديقة اليوم. ....

3- عملت أمي يوم السبت. ....

4- سكنت أسرة صديقي في هذا البيت. ....

5- خرج الأطفال من المدرسة ظهرا. ....

6- سافرنا إلى الشرق الأوسط هذه السنة. ....

7- شارك كل الطلاب في الحفلة. ....

8- نظفت البنت غرفتها هذا الصباح. ....

9- ساعد الأطفال أمهم في ترتيب البيت. ....

10- الأصدقاء أطعموا الحيوانات في الحديقة. ....

Q65/ Choose the correct word (colour) to fill in the gaps.

(الأبيض - الأسود - الأحمر - الأزرق - الأصفر - الأخضر)

1- البحر .... بين قارة آسيا وقارة إفريقيا.

2- المسجد .... مشهور جدا في إسطنبول.

3- يسكن الرئيس الأمريكي في البيت ....

4- الصيف الماضي ذهبنا إلى البحر .... شمال تركيا.

5- يجري النهر .... في الصين.

6- .... هو لون الخضراوات عادة.

7- ألوان العلم السوداني هي .... و.......... و.......... و.......... .

8- لوني المفضل هو ....

Q66/ Translate the following sentences into English.

1- زينب تساعد أمها دائما في شغل البيت.

2- اجتمع السفير المغربي مع وزير الاقتصاد.

3- هذا أقدم قصر في المدينة.

4- ما هي درجة الحرارة اليوم في صنعاء؟

5- أشعر بالتعب كثيرا، لأني ما نمت جيدا ليلة أمس.

Q67/ Write the plural of the following words.

قلم - رجل - كتاب - سيارة - ولد - صورة - جبل - مهندس

دراجة - كلب - فصل - وقت - مطعم - بحر - مكتب - بيت

بنك - فندق - قلب - ممرضة - نهر - مصنع - نجار - علبة

سوق - أستاذ - جمل - مكتبة - تلفون - سوري - عمل - بلد

قصر - شجرة - ولاية - ملك - درس - بنت - مدينة - عِلم

Q68/ Read the text and answer the following questions.

عيد مبارك

اليوم هو أول أيام عيد الأضحى! كل عام وأنتم بخير.

يحتفل المسلمون والعرب في كل بلاد العالم بعيدين مهمين في السنة: هما عيد الفِطر وعيد الأضحى. عيد الفطر يأتي بعد الصوم في شهر رمضان ويسمى أيضا بالعيد الصغير وهو ثلاثة أيام، وعيد الأضحى وهو اليوم العاشر من شهر (ذي الحِجّة) الهِجري، ويسمى هذا العيد أيضا بالعيد الكبير، وهو أربعة أيام.

وأيام العيد عطلة رسمية في كل البلاد العربية والإسلامية، حيث تُعَطّل المدارس والجامعات وكثير من المكاتب والشركات، ويخرج الناس إلى الأسواق وأماكن الاستِمتاع مثل الحدائق والمطاعم ودور السينما لقضاء أيام العيد هناك مع الأطفال والأقارب والأصدقاء.

تتشابه عادات المسلمين في البلاد العربية والإسلامية خلال العيد، ولكن بعض الشعوب لها عادات خاصة بها. فصلاة العيد وزيارات الأقارب والأصدقاء مثلا، عادات مشتركة في كل الدول الإسلامية تقريبا، لأنها تأتي من الشريعة الإسلامية.

تبدأ الأسرة في معظم البلاد بضَروريات العيد قبله بأيام، مثل شراء الملابس والأطعمة وتنظيف البيت وترتيبه وإعداد الحلويات الخاصة بالعيد كالبقلاوة والكنافة والمعمول وغيرها. وفي صباح العيد يتجمّع الناس لصلاة العيد في مناطقهم ثم يقدّم الناس تَهاني العيد بينهم بعد الصلاة مثل (كل عام وأنتم بخير) وغيرها، ويرجعون إلى منازلهم استِعدادا للزيارات العائلية واستِقبال الضيوف من الجيران والأقارب والأصدقاء.

وأفراد العائلة الكبيرة عادة يجتمعون في بيت الجد، حيث يأتي إليه الأولاد والأحفاد.

ويشارك غير المسلمين في العيد أيضا، حيث يهنّئون المسلمين بالعيد كما يشارك المسلمون المسيحيين احتفالاتهم في عيد الميلاد وغيره.

adapted from www.okaz.com.sa/new

1- لماذا يسمى عيد الفطر بالعيد الصغير؟
....

2- كيف يذهب الطلاب إلى مدارسهم وجامعاتهم أيام العيد؟
....

3- كيف يحتفل الأطفال في العيد؟
....

4- ما هي ضروريات العيد للأسرة؟
....

5- ماذا يفعل غير المسلمين في العيد؟ ولماذا؟
....

Q69/ Write a greeting card to your friend Sarah who is celebrating Eid this week and ask her three questions about Eid which are not mentioned in the text.

مرحبا يا سارة،

....
....
....

....

1- ....؟
2- ....؟
3- ....؟

شكرا، ومع السلامة.

Q70/ From the previous text, choose the correct meaning of the following words.

1- يمتاز

A- to be distinguished
B- to be understood
C- to be established

2- رسمية

A- legal
B- official
C- local

3- تُعَطّل

A- to open in the morning only
B- to start late
C- to take a break

4- الاستِمتاع

A- listening
B- enjoyment
C- using

5- عادات

A- customs
B- habits
C- hobbies

6- ضَروريات

A- conditions
B- duties
C- necessities

7- استِعداد

A- readiness
B- welcoming
C- cooking

Q71/ Use each of the following words to write a sentence.

1- يمتاز ------------------------------.

2- رسمية ------------------------------.

3- تعطل ------------------------------.

4- الاستمتاع ------------------------------.

5- عادات ------------------------------.

6- ضروريات ------------------------------.

7- استعداد ------------------------------.

Q72/ Choose the correct relative noun to fill in the gaps.

(الذي - التي - اللذان - اللتان - الذين - اللاتي - مَن - ما)

1- هل قرأتم المقالة الجديدة .... نُشِرَت في جريدة الشرق الأوسط؟

2- البارحة تكلمت مع أصدقائي .... درسوا معي في الجامعة.

3- متى ستذهبون إلى المطعم الجديد .... يقع في شارع بيروت؟

4- سارة وليلى هما المحاسبتان .... تعملان في البنك الجديد.

5- هل عرفتم .... نجح في الامتحان؟

6- تعرفت على الطالبات الجديدات .... يدرسن في الكلية.

7- لا نأكل الأطعمة .... ليست فيها فيتامينات.

8- هل قرأت الكتاب .... اشتريته من المكتبة؟

9- فعلت .... طلبته مني.

10- أحمد وزيد هما الصديقان .... يسكنان معي في البيت.

Q73/ Find the five grammatical errors in this text and correct them.

في مدينة دبي هناك سوق كبير في وسط المدينة. يذهب الناس إلى هذا السوق غالبا في نهاية الأسبوع. في السوق مطاعم ومكاتب ومحلات كثيرات. الناس يذهبون إلى السوق بالباصات أو السيارات أو القطارات، ولكن بعضهم يذهب مشيا، بسبب السوق قريب من بيوتهم. يشترون الناس من السوق الملابس والكتب والمجلات والفواكه والخضراوات وغيره. هناك مطاعم مختلفة في هذا السوق مثل المطاعم الإيطالية والهندية والصينية والعربية. أحب مدينة دبي جدا، وخاصة في الشتاء.

Q74/ Choose the correct word from the list below to fill in the gaps.

(السياح - أكلة - ثالث - السكان - تقع - مشهورة)

مدينة صَيدا

صيدا مدينة تاريخية من أقدم مدن العالم. _____ في جنوبي لبنان على البحر المتوسط، وتبعد 45 كلم عن العاصمة بيروت. وهي _____ أكبر المدن اللبنانية، ومن آثارها المهمة القلعة والجامع الكبير. عدد _____ في صيدا 250 ألفا، وهي مدينة مهمة لِ _____ العرب والأجانب. وصيدا _____ بزراعة الليمون والبرتقال. في مطاعم صيدا يأكل الناس عادة (الصيّادية)، وهي _____ لبنانية شهية، ويشربون الشاي العربي.

Q75/ Translate the following sentences into English.

1- الدكتورة سعاد تدرس العلوم السياسية في هذه الجامعة.

2- زرت المتحف البريطاني أول مرة قبل خمسة أعوام.

3- سأعمل في السنة القادمة في الأمم المتحدة، وستكون تجربة عظيمة.

4- في المساء شاهدنا فيلما كوميديا ممتعا وضحكنا كثيرا.

5- يفضل الموظفون عادة أن يأخذوا إجازاتهم السنوية في عطلة عيد الميلاد.

6- الزيارات ممنوعة بعد الساعة الحادية عشرة ليلا.

Q76/ Rewrite the following conversation (at a travel agency) in the correct order.

في مكتب السفر

الزبون - مرحبا.

الموظفة - مرحبا، تفضل .... أية خدمة؟

- ليست مشكلة.
- كم شخصا سيسافر في الرحلة؟
- إلى ماليزيا ... كوالا لامبور، من فضلك.
- بكم الرحلة المباشرة وغير المباشرة، من فضلك؟
- أريد السفر الشهر القادم.
- هل هما بنفس السعر؟
- أربعة أشخاص.
- عشر ساعات ونصف تقريبا.
- لا. ثلاثة كبار وطفل صغير.
- طيب. كم يوما ستبقون في ماليزيا؟
- أية خطوط طيران تفضلون؟
- هل كلكم كبار؟
- شكرا... أريد أن أحجز تذكرة من فضلك.
- هل تريدون رحلة مباشرة أم (أو) غير مباشرة؟
- إلى أين تريد السفر؟
- أربعة آلاف دولار، من فضلك.
- طيب... متى تريد السفر؟
- الرحلة المباشرة بألف دولار لكل شخص، والرحلة غير المباشرة بسبعمئة دولار لكل شخص، لكن يجب أن تغيروا في مطار دبي وتنتظروا لثلاث ساعات.
- أسبوعين.
- هل يمكن أن أدفع ببِطاقة الاعتِماد؟
- طيب... كم الحساب، من فضلك؟
- لا، الرحلة المباشرة عادة تكون أغلى.
- إذن، نأخذ الرحلة المباشرة! كم تأخذ الرحلة إلى ماليزيا، من فضلك؟
- نعم بالتأكيد! .... شكرا، ورحلة سعيدة!
- شكرا جزيلا ... مع السلامة.
- مع السلامة.

Q77/ Read the text and decide whether the following sentences are true or false and correct the false ones.

المغرب

المغرب من البلاد العربية التي يحبها كثير من الناس في العالم. وفي كل سنة يأتي إلى المغرب ناس كثير من مختلف دول العالم. يقع المغرب في الجزء الشمالي الغربي من إفريقيا بين المحيط الأطلسي والبحر الأبيض في الشمال وموريتانيا ومالي في الجنوب، والجزائر في الشرق والمحيط الأطلسي في الغرب. عدد سكان المغرب حوالي 33 مليون نسمة، واللغة الرسمية في البلاد هي العربية، إضافة إلى الأمازيقية. ملك المغرب هو محمد السادس، وهو الحاكم للبلاد منذ سنة 1999.

في المغرب مدن كبيرة وقديمة ومشهورة أيضا مثل الرباط وهي العاصمة، والدار البيضاء أو كازابلانكا، كما يسميها الغرب، وهي أكبر مدن المغرب وفيها مصانع كبيرة ومحلات تجارية كثيرة، ومراكش وهي أشهر مدن المغرب، حيث يأتي إليها السياح من كل العالم، ويبحثون في أسواقها عن التحف والصناعات الجلدية والأشياء الأثرية، ويأكلون في مطاعمها الوجبات المغربية المعروفة مثل الكسكس والطاجين والحريرة وغيرها. وفي المغرب هناك مكان لكل سائح، فهناك البحر للذين يحبون السباحة أو الجلوس على شاطىء البحر، وهناك الصحراء للذين يحبون السكن فيها والتعرف على حياة البدو وعاداتهم، وهناك الجبال لمن يحبون الصعود إلى الأماكن العالية. وهذه الأشياء ليست موجودة في كل مكان في العالم، ولذلك كل الناس يودون الذهاب إلى المغرب والعودة إليه لمرات عديدة.

1- المحيط الأطلسي في شرق المغرب.

2- الدار البيضاء مشهورة بالصناعة والتجارة.

3- يسافر الناس إلى مراكش من أجل الجلوس على شاطىء البحر.

4- يذهب الناس إلى الصحراء للتعرف على حياة البدو.

5- في المغرب ليس هناك مكان للذين يحبون الصيد.

Q78/ From the same text, answer the following questions.

1- ما هي حدود المغرب؟

2- هل يتكلم الناس في المغرب اللغة العربية فقط؟

3- أي الأماكن يفضل السياح الذهاب إليها عادة في المغرب؟

4- ما هي أشهر الأطعمة في المغرب؟

5- لماذا يحب كثير من السياح العودة إلى المغرب؟

Q79/ Rewrite the following numbers in written forms and make the necessary changes.

1- 5 قصة ....
2- 18 سنة ....
3- 29 يوم ....
4- 2 مدرسة ....
5- 3 ليلة ....
6- 55 جامعة ....
7- 100 طالب ....
8- 366 يوم ....
9- 180 درجة ....
10- 12 درس ....
11- 1000 شجرة ....
12- 1 مدينة ....

Q80/ Choose the correct word from the list below to fill in the gaps.

(أساعد ـ جميلة ـ لأنها ـ أستطيع ـ حتى ـ الشتاء ـ أبدا ـ أستمع ـ ثم ـ يسكن)

1- لن أذهب إلى الحفلة .... غالية جدا.

2- هذه الأسواق ....

3- الناس النباتيون لا يأكلون اللحم ....

4- .... أختي في دروسها في المساء عادة.

5- أبي يعمل كل أسبوع من يوم الاثنين .... الجمعة.

6- لا أعرف مَن .... في هذه الشقة.

7- لغتي الإسبانية ليست جيدة، لذلك لا .... أن أقرأ الجرائد الإسبانية.

8- جلست في المكتبة قليلا .... ذهبت إلى المطعم.

9- .... إلى الموسيقى عادة في المساء.

10- أريد السفر إلى دبي في ....

Q81/ Translate the following sentences into Arabic.

1- How many stories have you read this month, children?
   ؟

2- The students study Arabic at the University of Rabat.

3- When did the Prime Minister visit this university?
   ؟

4- I always help my young brothers in their homework.

5- We prefer to drink coffee for breakfast.

Q82/ rewrite the following sentences (verb + subject) to (subject + verb) form and make the necessary changes.

1- حفظ الطالب الكلمات الجديدة للدرس.

2- تعمل الممرضتان خمسة أيام في المستشفى.

3- يخرج الأطفال إلى الحديقة في نهاية الأسبوع.

4- درس أولادي كلهم في هذه المدرسة.

5- لا تترك الموظفات المكتب قبل الساعة السادسة مساءا.

6- سكنا في بيتنا القديم لأربع سنين.

7- تفتح الأسواق عادة الساعة التاسعة صباحا.

8- يشارك كثير من الطلاب في حفلات الجامعة.

9- لن يسافر أبي وأمي إلى الشرق الأوسط هذه السنة.

10- لم يعرف الناس أن القطار سيتأخر اليوم.

Q83/ Read the text and answer the following questions.

شارع (إجوار رود) أو شارع العرب في لندن

شارع (إجوار رود) أحد الشوارع المشهورة في لندن، ويقع في وسط العاصمة البريطانية لندن بين منطقتي (ماربل آرج) و(مَيدا فَيل). هو الشارع التجاري الرئيسي للعرب في لندن ويسمى شارع العرب، لأن الزائر لهذا الشارع يشعر أنه في بغداد أو بيروت أو القاهرة أو إحدى المدن العربية. فكثير من الأسواق والمحلات في هذا الشارع عربية وأسماؤها مكتوبة بالعربية والإنجليزية، ومعظم زبائنها من العرب المقيمين في لندن أو الإنجليز أو السياح القادمين من البلاد العربية وغيرها. وتُعرَض البضائع العربية من الأطعمة والمشروبات والصحف والمجلات والأزياء العربية المعروفة على أبواب المحلات والأسواق والمطاعم من أول الشارع حتى آخره تقريبا. كما تُرى موائد الأرجيلة (الشيشة) في المقاهي والمطاعم وتُشَمّ نكهاتها المتعددة على جانبي الشارع. واللغة العربية هي السائدة في هذا الشارع، كما أن الموسيقى والأغاني العربية الأصيلة والحديثة تُسمَع على طول الشارع. وتبقى المقاهي والمطاعم والمحلات التجارية مفتوحة حتى وقت متأخر من الليل، حيث يسهر فيها كثير من العرب وغيرهم.

في موسم الصيف يكون الشارع أكثر ازدحاما، حيث يكون الجو دافئا ومشمسا في لندن، ويقدم إليها كثير من العرب هربا من شدة الحر التي تسود البلاد العربية، وينزل في الفنادق والشُّقَق القريبة من الشارع والتي تكون عادة غالية الثمن. وبعض الزائرين يمتلكون شققا في نفس المنطقة ينزلون فيها وينزل فيها أقرباؤهم وأصدقاؤهم أثناء زياراتهم للندن.

1- لماذا يسمى شارع (إجوار رود) شارع العرب؟
....
2- ماذا يجد الزائر في شارع (إجوار رود) عادة؟
....
3- متى تغلق المطاعم والمقاهي عادة في هذا الشارع صيفا؟
....
4- لماذا يكون هذا الشارع مزدحما في الصيف؟
....
5- أين ينزل السياح العرب عادة في مدينة لندن؟
....

Q84/ From the same text, choose the correct meaning of the following words.

1- تَعرِض

A- to buy
B- to display
C- to give

2- تَشُمّ

A- to see
B- to taste
C- to smell

3- سائد / تسود

A- dominant
B- only
C- special

4- أصيل

A- old
B- nice
C- classical

5- يبقى

A- to stay
B- to stop
C- to delay

6- يقدُم (إلى)

A- to leave
B- to come
C- to stay

Q85/ Find the five grammatical errors in this text, and correct them.

زيارة لمرّاكش

مراكش مدينة قديمة في المغرب. هي صغيرة، لكنها جميلة جدا. ليس فيها نهر، لكنها ليس بعيدة عن البحر. في المدينة شارع طويل اسمه شارع محمد الخامس، وفي وسطها سوق قديم ومشهور. لدي صديق الذي من هذه المدينة اسمه سامي، وهو طالب جامعي يدرس الفلسفة. السنة الماضية ذهبت إلى مراكش بالطائرة، وزرت إلى بيت صديقي سامي في شرق المدينة. في اليوم الثاني ذهبنا إلى وسط المدينة وأكلنا في مطعم مغربي الكسكس والطاجين وشربنا عصير البرتقال. اشتريت حقيبة أسود وقميصا من السوق القديم. بعد الأسبوع رجعت من المغرب وكتبت رسالة إلكترونية لصديقي سامي وقلت له: شكرا جزيلا.

Q86/ Translate the following sentences into Arabic.

1- I attended the lecture, but I could not understand everything.

2- Do you (pl) wake up early every day?

3- When the weather is sunny, everyone goes to the parks.

4- My colleague (f) travels to the Far East twice a year.

5- We will celebrate the New Year evening at my friend's apartment.

6- My grandfather died when I was 11 years old.

Q87/ Read the text and answer the following questions.

السفر

السفر من الأشياء الجميلة التي يحبها كثير من الناس في العالم. ومنذ البداية كان السفر صديقا للإنسان في كل مكان، حيث كان الإنسان يسافر من مكان إلى آخر بحثا عن الماء أو الطعام أو السكن. وكان الناس يمشون في سفرهم الطويل ثم استخدموا بعض الحيوانات في البر كالجمل والحصان والحمار، وبعدها صنعوا القوارب والسفن واستخدموها في البحر.

هناك أنواع مختلفة من السفر، فبعض الناس يسافر إلى بلد آخر من أجل زيارة صديق أو قريب لأيام أو أسابيع قليلة، ومنهم من يسافر للبحث عن عمل أو من أجل الدراسة لشهور أو سنوات قليلة ثم يرجع إلى بلده بعد أن يكمل عمله أو دراسته. ومن الناس من يسافر للراحة بعد عمل شاقّ أو دراسة طويلة، فيحجز في فندق قريب من شاطىء البحر ويقضي معظم النهار على الشاطىء أو في مسبح الفندق. وكثير من الناس يسافرون إلى بلاد في الشرق أو الغرب من العالم للتعرّف على هذا البلد وتاريخه وعلى عادات شعوبه وتقاليدهم. فيزورون الأسواق الشعبية والمحلات التجارية والمتاحف والحدائق العامة ويأكلون الأطعمة المشهورة في ذلك البلد ثم يرجعون إلى بلادهم بأفكار جديدة عن ذلك البلد ومدنه وناسه.

في العصر الحديث أصبح السفر تجارة جيدة، حيث نجد شركات عالمية ترتّب إجازات متنوّعة للأسر والأفراد في مناطق مختلفة من العالم وفي معظم فصول السنة.

1- متى بدأ الإنسان السفر؟ ولماذا؟
....

2- ماذا كان يستخدم الإنسان في البداية في سفره؟
....

3- كيف يقضي الناس الذين يسافرون للراحة أوقاتهم عادة؟
....

4- لماذا يسافر الناس إلى بلاد الشرق أو الغرب؟
....

5- هل أصبح السفر تجارة في العصر الحديث؟ وكيف؟
....

6- أي نوع من السفر تفضلون؟ ولماذا؟
....

Q88/ From the same text, decide whether the following sentences are true or false and correct the false ones.

1- بدأ الإنسان السفر بعد صناعة السفن والقوارب.
....

2- من يسافر لزيارة الأصدقاء يبقى في ذلك البلد لوقت طويل.
....

3- التعرف على عادات الناس أحد أسباب السفر.
....

4- يفضل السياح غالبا الطعام العالمي وليس طعام البلد التقليدي.
....

5- تختلف أفكار الناس عن البلد الذي يزورونه عندما يرجعون منه.
....

6- شركات السياحة ترتب الإجازات في الصيف فقط، لأن الجو حار وجميل.
....

Q89/ Rewrite this conversation (room booking) in the correct order.

في الفندق

الزبون: مرحبا

الموظفة: مرحبا. أية خدمة؟

- هل هذا فندق (هيلتون)؟
- نعم، من فضلك. هل وجبات الطعام مَجّانية في الفندق؟
- نعم، هناك خدمات إنترنيت في كل الغرف في الفندق.
- غرفة لشخص أو لشخصين؟
- نعم. أية خدمة.
- لشخص، من فضلك.
- من فضلك، أريد أن أحجز غرفة.
- متى ستصل، ياسيدي؟
- غرفة على البحر، من فضلك.
- خمس ليالٍ.
- بكم الغرفة لكل ليلة، من فضلك؟
- هل تريد غرفة على البحر أم (أو) على الشارع؟ الغرفة على البحر بمئة دولار، وعلى الشارع بتسعين دولارا لكل ليلة.
- سأصل يوم الخميس الساعة الواحدة ظهرا.
- 500 دولار.
- كم ليلة ستبقى، ياسيدي؟
- آسفة سيدي، هذا الطابق كله محجوز في ذلك اليوم. عندنا غرفة في الطابق التاسع عشر. هل تريد هذه الغرفة؟
- في أي طابق، ياسيدي؟
- شكرا، وأراكم يوم الخميس. مع السلامة.
- طيب. كم المَجموع، من فضلك؟
- في الطابق العشرين من فضلك.
- وجبة الفطور فقط مَجّانية، لكن يجب أن تدفعوا للغداء أو العشاء.
- كما تحب.
- شكرا. سؤال أخير. هل هناك خدمات إنترنيت في الفندق؟
- طيب. هل يمكن أن أدفع ببِطاقة الاعتِماد أم (أو) نَقدا؟
- طيب. الغرفة ستكون جاهزة ياسيدي.
- شكرا. مع السلامة.

Q90/ Write the written and correct form of the words between brackets.

1- في الأسبوع _____ _____ .   (7 - يوم)
2- البناية مكونة من _____ _____ .   (12 - طابق)
3- عمري _____ _____ .   (19 - سنة)
4- في السنة _____ _____ .   (4 - فصل)
5- كنت في الاجتماع قبل _____ _____ .   (1 - ساعة)
6- تتكلم أختي _____ _____ .   (3 - لغة)
7- في الشهر الهجري _____ أو _____ .   (29- 30 - يوم)
8- جامعة القرويين بنيت منذ أكثر من _____ _____ .   (1000 - سنة)
9- في هذا الصف _____ و _____ .   (5 طالب - 6 طالبة)
10- عندي _____ _____ ، ولد وبنت.   (2 - طفل)
11- أقرأ _____ _____ كل سنة تقريبا.   (10 - كتاب)
12- أحتاج إلى _____ _____ لأشتري تذكرة القطار.   (100 - جنيه)

Q91/ Translate the following sentences into English.

1- احتفلنا الأسبوع الماضي بمناسبة عيد ميلاد صديقي في مطعم إيطالي.

_____.

2- أحب أن أعيش في باريس، لأنها مدينة جميلة وتاريخية وفيها متاحف كثيرة.

_____.

3- نقضي نهاية الأسبوع في القراءة أو الذهاب إلى السينما أو مقابلة الأصدقاء.

_____.

4- البيت الأول الذي سكنا فيه كان في جنوب غرب لندن.

_____.

5- سأبيع سيارتي القديمة هذا الشهر لأشتري سيارة جديدة.

_____.

Q92/ Read the text and answer the following questions.

الأرنَب المَغرور والسُلحُفاة الطيبة

كانت هناك غابة كبيرة تعيش فيها حيوانات كثيرة، وكان في تلك الغابة أرنَب مَغرور وسُلحُفاة طيبة. في صباح يوم من الأيام كان هناك سِباق في الجَري بين ذلك الأرنب وتلك السلحفاة أمام جميع حيوانات الغابة. وقف الاثنان على خَطّ البداية قبل أن يبدأ السباق ثم انطَلَقت الصافرة وبدأ المُتَسابِقان في الجري. بدأ الأرنب يركض ويركض..، بينما كانت السلحفاة تمشي ببطئة. وبعد وقت قصير أصبح الأرنب بعيدا عن السلحفاة التي كانت ما تزال تمشي بِبُطء. أثناء ذلك الوقت قَرَّر الأرنب أن يستريح قليلا تحت الشجرة قائلا لنفسه: إنَّ هذه السلحفاة المِسكينة لن تَصِل قريبا، وإن لديه وقتا طويلا لينام قليلا ثم يُواصِل السباق حتى النهاية ويَهزِم السلحفاة. أما السلحفاة فكانت تمشي وتمشي .. صابرة دون تَعَب أو مَلَل.

بعد ساعة استَيقَظ الأرنب الكَسلان وقال ضاحكا: أين هذه السلحفاة (السريعة)! وبحث عنها على طول الطريق وراءه فلم يجِدها، وعندما نظر إلى الجِهة الأُخرى أمامه في نهاية السباق، رآها تقترِب من خَطّ النهاية. بدأ الأرنب يركض ويركض ليَصِل إلى خط النهاية أولا، لكنه لم يستَطِع. وفي النهاية فازت السلحفاة الشاطرة بالسباق وخَسِر الأرنب المغرور.

<u>المَغزى من القصة:</u>

لا تَهزأ بالآخَرين حتى لَو كانوا أضعف منك.

1- من حضر السباق، وأين كان؟

.--

2- كيف بدأ السباق، ومتى؟

.--

3- لماذا قرر الأرنب أن يستريح؟

.--

4- متى استيقظ الأرنب، وماذا فعل؟

.--

5- ماذا فهمتم من القصة؟

.--

Q93/ From the same text, decide whether the following sentences are true or false and correct the false ones.

1- في بداية السباق نام الأرنب قليلا.

.--

2- تركت السلحفاة السباق، لأنها كانت بطيئة جدا.

.--

3- عندما استيقظ الأرنب، كانت السلحفاة في بداية الطريق فنام مرة أخرى.

.--

4- في النهاية وصل الأرنب إلى نهاية السباق، لأنه كان سريعا جدا.

.--

5- السلحفاة أرادت الفوز على الأرنب وحصلت على ذلك.

.--

6- في نهاية السباق شكر الأرنب السلحفاة وهنّأها على الفوز.

.--

Q94/ From the same text, choose the correct meaning of the following words.

1- مغرور

A- humble
B- arrogant
C- generous

2- الجَري

A- jogging
B- jumping
C- swimming

3- انطَلَق

A- to finish
B- to stop
C- to kick off

4- بطيئة

A- slow
B- fast
C- heavy

5- مَلَل

A- boredom
B- comfort
C- hunger

6- استَيقَظ

A- to start
B- to wake up
C- to get off

7- مَغزى

A- summary
B- detail
C- moral

8- يهزأ

A- to praise
B- to mock
C- to assist

Q95/ Use each of the following words to write a sentence.

1- مغرور ....
2- الجري ....
3- انطلق ....
4- بطيئة ....
5- ملل ....
6- استيقظ ....
7- مغزى ....
8- يهزأ ....

Q96/ Change the following sentences to the passive form and make the necessary changes.

1- يقرأ الطلاب قصة في الدرس كل أسبوع.

....

2- يأخذ المريض الدواء مرتين في اليوم.

....

3- سرق اللصّ الحقيبة من المحل.

....

4- يُدرّس أحمد اللغة العربية في جامعة كامبرِدج.

....

5- يزور السياح المتاحف الجميلة عادة.

....

6- كتب الموظفون أسماءهم في قائمة الحضور.

....

Q97/ Choose the correct word from the list below to fill in the gaps.

(كل - قليلا - التحقنا - أستمع - أشارك - ينزل - التي - بسبب - لذلك - تعلمت)

1- زوجة أحمد تعمل في شركة كبيرة، .... تسافر كثيرا.

2- العام الماضي .... الألمانية.

3- أنا تعبانة جدا، لأني عملت .... الأسبوع.

4- أبي .... في فندق عندما يذهب إلى القاهرة.

5- أنا دائما .... زملائي في تحضير الواجبات.

6- لا أحب السفر إلى المغرب في الصيف .... الجو الحار.

7- قرأت معظم الكتب .... أخذتها من المكتبة.

8- لا أقرأ الجريدة عادة، لكن .... إلى الراديو وأعرف الأخبار.

9- في المساء جلست في المكتبة .... ثم رجعت إلى البيت.

10- .... بالجامعة قبل سنتين.

Q98/ Choose the correct word from the list below to complete the following sentences and add the necessary pronouns, if it is required.

(لأن - لِ - بسبب)

1- سافرت إلى الأردن _____ أدرس اللغة العربية.

2- لم تأكل أختي الفطور _____ تأخرت عن المدرسة.

3- نزلنا في هذا الفندق _____ جميل ورخيص أيضا.

4- لم أشارك في الاجتماع _____ المرض.

5- جلس الطلاب في الصف _____ الاستماع للمحاضرة.

6- لا نشرب الكوكا كولا _____ غير مفيدة للصحة.

7- لم ينجح أخي في الامتحان _____ لم يدرس جيدا.

8- لن أخرج إلى السوق الآن _____ المطر الشديد.

9- لا تفتح المدارس يوم الأحد في أوربا _____ عطلة نهاية الأسبوع.

10- أزور الشرق الأوسط دائما _____ أرى عائلتي وأصدقائي.

Q99/ Translate the following sentences into Arabic.

1- Have you ever been to the British Museum?

_____?

2- The students study Arabic literature at the University of Amman.

_____.

3- I took many nice photos in my last holiday.

_____.

4- When was the last party you attended and what was the occasion?

_____?

5- We would like to live in the countryside in the future.

_____.

6- I usually go to the swimming pool twice a week.

_____.

Q100/ Read the following paragraphs and put them in the correct order.

في المطار

A

وبينما كنت أقرأ الجريدة، جاءني رجل وسألني هل تتكلم الإنكليزية؟ فقلت: نعم. قال: هل تستطيع مساعدتي؟ فقلت: بالتأكيد. قال: أريد الذهاب إلى مدينة مانجستر، ولكن مع الأسف أضعت التذكرة وأحتاج إلى 20 يورو لأشتري تذكرة جديدة، لأني لا أملك المبلغ الكامل للتذكرة.

B

أنا أحمد عبد الكريم وأنا من لندن. قبل ثلاثة أسابيع كنت في إسبانيا، وحين عودتي إلى لندن جلست في المطار الساعة الثالثة صباحا أنتظر طائرة العودة إلى لندن التي كانت في الصباح المبكر.

C

سألته: بكم التذكرة؟ فقال: التذكرة بِ 200 يورو. قلت له: هذا غالٍ جدا. يمكن أن نبحث في الإنترنيت عن سعر أرخص، وبدلا من أن أعطيك 20 يورو، سأجعلك توفر أكثر من 20 يورو!

D

بعد ساعة، لم يرجع الرجل ولم يفتح المكتب، وعندما بحثت في شاشة الرحلات المغادرة، لم تكن هناك رحلة إلى مانجستر في ذلك الوقت، فعلمت أن في هذا الزمن كل شيء يتطور حتى الاحتيال.

E

قال: ولكن ليس عندي وقت، لأن موعد الطائرة بعد ثلاث ساعات. فقلت له: طيب، سأجلس هنا وعندما يفتح المكتب، يمكنك أن ترجع إليّ وسأسحب لك المبلغ من البنك الآلي، فليس معي 20 يورو الآن.

F

شَكَكتُ في الأمر، فسألته: أليست معك بطاقة اعتماد! قال: أضعتها أيضا. ازداد شكي فسألته: متى موعد الطائرة إلى مانجستر؟ قال: بعد ثلاث ساعات. سألته: من أين ستشتري التذكرة، وليس هناك مكتب سفر مفتوح الآن؟ فأشار إلى أحد المكاتب وقال: هذا المكتب سيفتح بعد ساعة.

Q101/ Read the text and answer the following questions.

الجمل سفينة الصحراء

الجمل من الحيوانات الأليفة التي استخدمها الإنسان منذ آلاف السنين خصوصا في الصحراء كما في جزيرة العرب. وللجمل قدرات عظيمة على المشي لمسافات طويلة، فوق التلال الرملية وسط الصحراء التي يقلّ فيها الماء والزرع، وتكثر فيها الرياح والعواصف الرملية، ولذلك يُسمّى (سفينة الصحراء).

للجمل جسم قوي وكبير، وعادة يكون وزن الجمل بين (450 - 650) كيلوغراما ويصل ارتفاعه إلى مترين أو أكثر. وله أربع أرجل طويلة وقوية ترفع الجسم بعيدا عن حرارة الرمال الشديدة، كما تساعده على أن يمشي بسهولة فوق الرمال الناعمة والصخور الحارة، دون أن يشعر بتعب أو ألم. وسنام الجمل هو أكثر ما يميز شكله عن بقية الحيوانات، وهو مفيد له في تحمّل الجوع والعطش، كما أنه يحمي جسمه من حرارة الشمس.

يتناول الجمل عادة أوراق الشجر والحبوب والثمار وغيرها من النباتات. وللجمل قدرة عجيبة على تحمل العطش، ففي فصلي الشتاء والربيع يمكن للجمل أن يعيش لمدة طويلة بين شهرين إلى أربعة أشهر دون أن يشرب الماء، حيث يعتمد فقط على أكل النباتات الخضراء الغنية بالماء. أما في فصل الصيف فيمكنه أن يتحمل العطش بين ستة أيام إلى عشرة أو إلى أسبوعين أو أكثر، لأنه يستطيع أن يحفظ الماء في جسمه لوقت طويل.

والجِمال نوعان: نوع عربي يعيش في الجزيرة العربية وشمال إفريقيا، وهذا النوع له سنام واحد فقط. أما النوع الثاني فهو الجمل الآسيوي، ويعيش في وسط قارة آسيا خاصة في منغوليا وشمالي الصين وأفغانستان وجنوبي روسيا. وهذا النوع له سنامان بدلا من سنام واحد، كما أنه أكبر وزنا وأشد قوة، لكن أرجله أقصر وسرعته في الجري أقل، ويغطي معظم جسمه وبر كثيف أكثر مما لدى الجمل العربي.

والجمل حيوان مفيد للإنسان، فهو يستخدمه في السفر وفي كثير من الأعمال الشاقّة كحمل الأمتعة من مكان إلى آخر، حيث يمكن للجمل أن يمشي عشرة كيلومترات في الساعة تقريبا ومئة كيلومتر في اليوم الواحد، ويستطيع حمل (150- 300) كيلوغرام تقريبا. ويستخدم الجمل في الجيش والشرطة أيضا، كما تستخدم بعض أنواع الجمال المعروفة بسرعتها في مسابقات الجري التي تعرف باسم سباق (الهجن). وتعتبر الجمال من أهم الحيوانات التي يستفيد الإنسان من لحمها ولبنها في طعامه، ومن وَبرها وجلودها في صنع الثياب والفرش والخيام والملابس الجلدية والأحذية والحقائب.

adapted from   www.forum.roro44.com

1- لماذا يسمى الجمل (سفينة الصحراء)؟
....
2- ما فائدة الأرجل الطويلة للجمل؟
....
3- ما الذي يميز الجمل عن بقية الحيوانات، وما فائدة ذلك؟
....
4- كيف يعيش الجمل لوقت طويل بلا ماء؟
....
5- ما فائدة (فوائد) الجمل للإنسان؟
....

Q102/ From the same text, choose the correct meaning of the following words.

1- قُدرات

A- abilities
B- habits
C- parts

2- التلال الرملية

A- water rocks
B- sandy hills
C- high mountains

3- ارتِفاع

A- depth
B- size
C- high (n)

4- الصُخور

A- rocks
B- water
C- grass

5- سَنام

A- hump
B- tail
C- leg

6- يُميّز

A- to distinguish
B- to show
C- to give

7- تَحَمُّل

A- to carry
B- to help
C- to bear

8- يحمي

A- to protect
B- to give
C- to take

9- وَبر

A- cotton
B- feather
C- wool

10- يُستَخدَم

A- to be used
B- to be made
C- to be saved

Q103/ Use each of the following words to write a sentence.

1- قدرات ....

2- يميز ....

3- تحمل ....

4- يحمي ....

5- يستخدم ....

Q104/ From the same text, write four differences between Arabic camels and Asian camels.

الجمل الآسيوي	الجمل العربي
1-	1- ....
2-	2- ....
3-	3- ....
4-	4- ....

Q105/ Choose an appropriate word from the list below to fill in the gaps.

(أراسل - رأيي - فقط - حديثة - أعيش - أتكلم - أحتاج - عاطفية)

1- في أيام الطفولة كنت .... مع جدي وجدتي في الصيف.

2- عائلتي صغيرة، لي أخ واحد ....

3- روميو وجولييت قصة ....

4- ما زلت .... أصدقائي الذين درسوا معي في الجامعة.

5- في .... العمل ممل في هذه الشركة.

6- .... إلى مساعدة زملائي في هذا المشروع.

Q106/ Translate the following sentences into English.

1- الدكتور أحمد يدرس القانون الدولي في كلية لندن للاقتصاد والعلوم السياسية منذ سنتين.

2- التقى وزير التجارة اللبناني مع نظيره الصيني لمناقشة العلاقات المشتركة بين البلدين.

3- سأعمل في منظمة لحقوق الإنسان وستكون تجربة مفيدة.

4- كيف وجدت الكتاب الذي أخبرتك عنه قبل شهر؟

5- أظن أن امتحان علم النفس تأجل إلى الأسبوع القادم!

Q107/ Write (100 words) about your last holiday, when / where, places you visited and activities you did.

عطلتي الماضية

Q108/ Read the text and decide whether the following sentences are true or false and correct the false ones.

عيد الأضحى في السودان

يمتاز السودانيون في احتفالاتهم بعيد الأضحى بفَعالية خاصة تسمى (زفّة العيد) في يوم (عَرَفات)، وهو اليوم الذي يسبق عيد الأضحى، حيث يخرج الناس إلى الشوارع الرئيسية في المدن السودانية تصحبهم الموسيقى الشعبية ويطوفون في شوارع المنطقة للاحتفال بقدوم العيد. ويشارك في هذه الاحتفالات عدد من أبناء القبائل المختلفة في السودان بتقديم فنونها التراثية المميزة احتفالا بالعيد. ويقول سليمان أحمد رئيس الجناح السوداني بالقرية العالمية في دبي: إن هذه العادة الفلكلورية بدأت تختفي حاليا مثل كثير من التقاليد الشعبية، ولكن الناس في السودان ما زالوا يحبون هذه التقاليد القديمة.

ويرى السودانيون أن الفرحة الحقيقية للعيد تكون في عيون الأطفال، ويقول سليمان: إن العيد لدينا هو الطفل، فأول مراسم استقبال العيد في السودان يكون بشراء الملابس الجديدة للأطفال. ويقول أيضا: إن احتفالية العيد تبدأ من ليلة (عرفات) بانشغال النساء بتنظيف البيت وإعداد المفروشات الجديدة، ويحرص الأطفال على مساعدة الأم في هذا العمل في جو من الفرح والسعادة. وبعد الانتهاء من العمل تشعل الأم البخور في كل البيت وتستخدم نوعا خاصا من البخور يسمى (التيمان). وتمثل هذه العادة جزءا من الثقافة السودانية القديمة، فهذا النوع من البخور يُعتقد أنه يحمي البيت وسكانه من الشر.

وفي صباح أول يوم العيد يخرج السودانيون لصلاة العيد بملابسهم البيضاء المميزة في تجمع ديني بديع. ويضيف سليمان: بعد صلاة العيد يخرج الرجال والأطفال إلى بيوت المنطقة للتهنئة بالعيد ثم يرجعون إلى بيوتهم لذبح الأضحية. ويكون اللحم بالتأكيد هو الطبق الرئيسي على موائد العيد طوال أيامه. أما الغداء فيكون في بيت الرجل الأكبر سنا في المنطقة، حيث تتجمع في بيته كل الأسر. وتتميز الموائد السودانية في العيد بأكلات خاصة مثل (المَفروك)، وهي خضار يُضاف إلى الشوربة أو الصلصة وتُقدَّم مع خبز خاص يسمى (الكَسرة)، وهي من الأكلات الرئيسية في وجبة الغداء في العيد.

adapted from
http://www.shadialovely.com

1- زفة العيد تكون في اليوم الأول من عيد الأضحى.

2- يقول سليمان: إن زفة العيد كانت في الماضي فقط، وليست موجودة الآن في السودان.

3- تشعل الأم البخور في كل البيت لزيارة الأقارب.

4- يلبس الرجال ملابس ملونة في صباح أول أيام العيد.

5- يكون الغداء في أول أيام العيد في السودان عادة في المطاعم.

6- المفروك أكلة رئيسية في العيد في السودان.

Q109/ From the same text, choose the correct meaning of the following words.

1- فَعالية

A- activity
B- game
C- dance

2- تطوف

A- to stay
B- to run
C- to wander

3- الفنون التُراثية

A- traditional arts
B- sport competition
C- concerts

4- تختفي

A- to disappear
B- to get popular
C- to develop

5- تَقاليد

A- music
B- traditions
C- habits

6- مَراسِم

A- preparation
B- activities
C- ceremony

7- تُشعل (البُخور)

A- to clean
B- to cook
C- to ignite

8- يُعتقد

A- to be believed
B- to be afraid of
C- to be worried

9- يُضيف / يُضاف

A- to cook / be cooked
B- to add / be added
C- to boil / be boiled

Q110/ Use each of the following words to write a sentence.

1- تطوف ....
2- تختفي ....
3- تشعل ....
4- يَعتقِد ....
5- يضاف ....

Q111/ Fill in the gaps with the correct relative noun, <u>if it is required</u>.

1- أحب الاستماع إلى المحاضرات .... تتكلم عن السياسة في الشرق الأوسط.

2- القارئ الجيد هو .... يقرأ كتابا على الأقل كل شهر.

3- عندي صديق .... يعمل في شركة مايكروسوفت.

4- هؤلاء هن البنات .... يعملن في مصنع الملابس الجديد.

5- في جامعتنا أساتذة متخصصون .... يدرسون في كل الأقسام.

6- الطبيبان الجديدان .... يعملان في المستشفى أسترالياني.

7- السباحة رياضة .... تفيد الجسم كثيرا وهواية ممتعة أيضا.

8- سمعت عن رجل .... ينام خمس ساعات فقط في اليوم.

9- هل وجدت الكتاب .... كنت تبحث عنه؟

10- كلنا نساعد الفقراء .... يحتاجون فعلا إلى المساعدة.

11- لدي سيارة .... تعمل بالكهرباء.

12- لا أعرف .... سيطبخ لنا العشاء الليلة!

Q112/ Write the plural of the following words.

باب - عام - أخ - زوج - جريدة - شمس - رأس - امرأة

....

حقيبة - ابن - تلفزيون - وجه - عَلَم - درهم - جنيه - قرية

....

رسالة - نجم - رقم - أسد - جَدّ - لعبة - سفير - أخت

....

قمر - دجاجة - مسجد - مفتاح - قطار - سؤال - ورقة - سنة

....

مرض - شارع - مائدة - جسر - وعد - ريال - خال - قميص

....

أب - عامل - صحيفة - مسبح - تفاحة - أم - طريقة - مخرج

....

Q113/ Translate the following sentences into English.

1- يا أطفال، أمامكم نصف ساعة فقط لتكملوا واجباتكم.

2- يقع مكتب البريد في الجانب الغربي من المستشفى الجديد.

3- سنشارك في مسابقة الجامعة للكرة الطائرة ونتمنى أن نفوز.

4- تعلمت لغتين في معهد اللغات في نفس الوقت والآن أتكلمهما جيدا.

5- لا يسمح بدخول هذا النادي، لأنه خاص.

Q114/ Change the imperative verbs (Do) to (Do not) and make the necessary changes.

1- ادرُس في البيت في المساء.

2- اكتُبي لي رسالة كل شهر.

3- اِحمِل الحقيبة، من فضلك.

4- كُلوا الخبز الأبيض دائما.

5- اِجلِسوا، من فضلكم.

6- درّسي الأطفال كل مساء.

7- نظّفوا البيت يوم الأحد.

8- ساعِد الطالب الكسلان.

9- شاهِدا هذا الفلم غدا.

10- أخرِجوا الكلب إلى الحديقة.

Q115/ Read the text and answer the following questions.

القاهرة ومشكلة التَلَوُّث

تقع مدينة القاهرة في شمالي جمهورية مصر العربية، وهي العاصمة السياسية والمركز التجاري للبلاد، وتمتدّ على جانبي نهر النيل في منطقة الدلتا حيث يتفرَّع النهر إلى فرعين. يرجع بناء القاهرة إلى أكثر من ألف سنة، وهي إحدى أكبر المدن العربية وأقدمها، حيث يسكن فيها حوالي عشرة ملايين نَسمة. وتمتاز معظم أجزاء القاهرة بأحيائها الضيقة وشوارعها المزدحمة، وهذا يسبّب تلوثا كبيرا للبيئة، لأن معظم وسائل النقل فيها قديمة وتبعث غازات سامّة تملأ جو المدينة، إضافة إلى المصانع المختلفة العديدة المنتشرة في أحياء المدينة والقريبة من المنازل السكنية والتي لا تهتمّ إلى حدّ كبير بالمحافظة على البيئة وسلامتها. وعلى الرغم من وجود الحدائق العامّة والأشجار الكثيفة التي تُزَوّد المدينة بالهواء النقي وتعطي منظرا جميلا للمدينة، واستخدام الناس للدراجات الهوائية في انتقالهم إلى مدارسهم ومكاتبهم داخل المدينة، ووجود المزارع والحقول حول المدينة، فلا تزال القاهرة إحدى أكثر المدن التي تُعاني من التلوث في العالم حَسب إحصائيات المنظمات العالمية المهتمة بالمحافظة على البيئة. وتحاول الحكومة المصرية التقليل من مخاطر هذا التلوث بزرع المزيد من الأشجار في شوارع المدينة وإنشاء عدد من الحدائق العامّة ونقل المصانع بعيدا عن مركز المدينة وتشجيع السكان على فهم أوسع لأهمية المحافظة على البيئة عن طريق الصحف والمجلات والتلفزيون وشبكات التواصل الاجتماعي.

1- متى بنيت القاهرة، وكم عدد سكانها؟

....

2- ما أهم أسباب التلوث في القاهرة؟

....

3- ما فوائد الأشجار لمدينة القاهرة؟

....

4- ماذا فعلت الحكومة المصرية لحل مشكلة التلوث؟

....

5- كيف تساعدون على التقليل من مشكلة التلوث في مدينتكم؟

....

Q116/ From the same text, choose the correct meaning of the following words/phrases.

1- تمتدّ

A- to complete
B- to extend
C- to evaluate

2- نَسمة

A- member
B- person
C- population

3- تبعث

A- to emit
B- to decrease
C- to exclude

4- على الرغم من

A- perhaps
B- despite
C- however

5- تزوّد

A- to protect
B- to provide
C- to stop

6- لا تزال

A- still
B- not yet
C- except

7- تُعاني

A- to complain
B- to protect
C- to suffer

Q117/ Choose the appropriate word from each list below to form a genitive case and make the necessary changes to fill in the gaps. Use each word once.

(عمل – بعض – عطلة – يوم – طب – ركوب – بناية – نفس – سبب – موعد)

(بيت – درس – نجاح – طفولة – امتحان – يوم – متحف – أسنان – دراجة – الربيع)

1- أسكن مع أخي في ‎_____ ‎_____ .

2- ‎_____ ‎_____ صعبة في هذه الكلية.

3- ‎_____ ‎_____ تعود إلى سنة 1970.

4- سافرنا إلى عمان في ‎_____ ‎_____ .

5- نحن أصدقاء منذ ‎_____ ‎_____ .

6- هل سمعتم عن ‎_____ ‎_____ هذه السنة؟

7- حصل أخي على الماجستير في ‎_____ ‎_____ قبل شهرين.

8- من هواياتي المفضلة ‎_____ ‎_____ .

9- الدراسة المستمرّة هي أهم ‎_____ ‎_____ .

10- لا تُؤجّل ‎_____ ‎_____ إلى الغد!

Q118/ Translate the following sentences into Arabic.

1- I will work for the United Nation next year and it will be a useful experience.

2- My sister finished her PhD in political science this year.

3- Have you booked your holiday (flight) for this Christmas?

4- This museum was built fifty year ago and it opens every day.

5- Do you (pl) need some money to buy a new house?

Q119/ Negate the following sentences and make the necessary changes.

1- قرأ الطالب الجريدة.

....

2- يدرس أخي في الجامعة الأمريكية.

....

3- أختي مهندسة في شركة للسيارات.

....

4- في الصيف القادم سنسافر إلى الشرق الأوسط.

....

5- كانت الحفلة ممتعة يوم السبت.

....

6- أصدقائي عملوا في هذا المصنع.

....

7- السكر مفيد للصحة.

....

8- عندي امتحانات كثيرة هذا الشهر.

....

9- يجب أن تبقى في المستشفى لأسبوع كامل.

....

10- الطلاب مهتمون بهذا المشروع.

....

11- في رأيي، إن هذا الفريق سيفوز في البطولة.

....

12- السماء تمطر ذهبا.

....

Q120/ Read the text and answer the following questions.

مسابقة ملكة جَمال العالم للإبل (الجِمال)

في كل سنة يأتي إلى صحراء العاصمة الإماراتية (أبوظبي) عدد كبير من الإبل من مختلف دول الخليج العربي للمشاركة في أكبر مسابقة في العالم لملكة جَمال (الإبل). وتُقام المسابقة في مهرجان (الظفرة للإبل) الذي يقام للسنة الرابعة، وهو أكبر مهرجان لأصحاب الجِمال في منطقة الشرق الأوسط.

ويقول مدير المهرجان سالم المزروعي: إن أكثر من 800 من مربي الإبل من مختلف دول الخليج العربي يشاركون في هذا المهرجان، وفي مسابقة للإبل معروفة باسم (ملكة جَمال الإبل). وتشارك في المهرجان عشرون ألف ناقة (أنثى الجمل) تقريبا ويستمر لعشرة أيام. في النهاية يختار الحكام أجمل ناقة مشاركة في المسابقة ويحصل أصحاب الإبل الفائزة على جوائز كبيرة تصل إلى عشرة ملايين دولار.

ينظم هذا المهرجان مركز أبوظبي للثقافة والتراث، ويقدَّم الطعام والشراب للإبل المشاركة مجانا. ويساعد في تنظيم هذا المهرجان 400 شخص تقريبا من مختلف دول الخليج العربي. ويقول مدير المهرجان: إن الإبل المشاركة يجب أن تكون سليمة وخالية من الأمراض والعيوب. ويكون الحكام في هذه المسابقة عادة من الخبراء في تربية الإبل في منطقة الخليج العربي، وتكون معايير المسابقة على كافّة أجزاء الجسم مثل جَمال الرأس والرقبة وشكل الأنف والرأس والأذنين.

وقد قررت اللجنة المنظمة للمهرجان هذه السنة إقامة سباق لركوب الإبل، وكل مشارك في هذا السباق يجب أن يكون من دول الخليج العربي وأن يكون عمره بين 18- 70 سنة، وهناك سيارات وجوائز مالية للفائزين في هذا السباق. ويُعرَض المهرجان في بعض القنوات التلفزيونية في الخليج العربي، كما تكتب عنه بعض الصحف الخليجية.

adapted from www.alborhan.weebly.com

1- أين يقام مهرجان الظفرة، ومن ينظمه؟
....

2- كم مشاركا، وكم جملا يشارك في هذا المهرجان عادة؟
....

3- ما هي شروط الإبل المشاركة في المهرجان؟
....

4- على ماذا يحصل الفائز في سباق الإبل؟
....

5- أين يمكن أن نشاهد هذا المهرجان أو نعرف الفائزين فيه؟
....

Q121/ From the same text, correct the following sentences.

1- بدأت مسابقة الجَمال للإبل قبل خمس سنوات.
....

2- صاحب الجمل يجب أن يشتري الطعام لجمله في أيام المسابقة.
....

3- الإبل المريضة غالبا لا تفوز بمسابقة الجَمال، لأنها ضعيفة.
....

4- حكام مسابقة الجَمال للإبل عادة أغنياء ولديهم جِمال (إبل) كثيرة.
....

5- يمكن للأطفال أن يشاركوا في سباق الجِمال.
....

Q122/ From the same text, choose the correct meaning of the following words.

1- تُقام

A- to be held
B- to be sold
C- to be built

2- يُنظّم

A- to apply
B- to request
C- to organize

3- معايير

A- standard
B- characters
C- types

4- يُعرَض

A- to be organized
B- to be shown
C- to be distributed

Q123/ The United Arab Emirates aims to make the camels race an international competition. You have received an email and were asked for your opinion regarding this aim, so reply to them in 60 words telling them about your opinion of this plan and anything you would like to suggest to them.

مرحبا،

شكرا على رسالتكم الإلكترونية.

في رأيي ------------------------------------

. --

Q124/ Fill in the gaps using an appropriate negative article in each gap.

1- _____ إسبانية.

2- في الصيف الماضي _____ ذهبنا إلى أستراليا.

3- _____ أشرب القهوة في الصباح أبدا.

4- _____ لدي سيارة.

5- أبي _____ يعمل يوم الخميس الماضي.

6- هؤلاء المهندسون _____ من هذه المدينة.

7- أخي وأختي _____ يدرسا في نفس الجامعة.

8- القطار _____ يصل قبل الساعة العاشرة.

9- هذا تصرّف _____ مسؤول.

10- هذه الفرصة الأخيرة، لذلك يجب أن _____ أضيعها.

11- _____ نكن نعرف أن الاجتماع قد ألغي اليوم.

12- هذا الرجل _____ يريد أن يعمل، ف _____ فائدة من مساعدته.

Q125/ Translate the following sentences into English.

1- تأسّست الأمم المتحدة سنة 1945، وعدد أعضائها الآن 193 عضوا.

2- في بريطانيا يعيش كثير من الجاليات العربية والهندية والصينية منذ سنين طويلة.

3- في العصر الحديث أصبح استخدام الحاسوب ضروريا في كل مجالات العمل والدراسة والبحث.

4- ندرس اللغة العربية لنعرف أكثر عن التقاليد والثقافات العربية.

5- قبل السفر إلى الصين لم تكن لدي فكرة واضحة عن المجتمعات الصينية.

Q126/ Read the text and answer the following questions.

اللغة العربية

تعتبر اللغة العربية إحدى أهم اللغات السامية الحية إلى جانب اللغتين العبرية والسريانية. وهي اللغة الرسمية في كل الدول العربية في وسائل الإعلام، ويتكلمها أكثر من ثلاثمئة مليون عربي، كما أنها إحدى اللغات المعتمدة في الأمم المتحدة. ويرجع عمر اللغة العربية إلى أكثر من ألفي سنة، حيث تفرّعت عن اللغة الآرامية وكانت تستخدم في الجزيرة العربية والعراق وبلاد الشام ثم انتقلت إلى مصر والسودان وشمالي إفريقيا وجنوبي إيران وغيرها بعد انتشار الإسلام في تلك البلاد. وهذا ما جعل كثيرا من المسلمين يتعلم العربية لفهم الدين الإسلامي والقرآن الكريم وبقية المؤلّفات المكتوبة بها.

في العصر الحديث ازداد الطلب على تعلم العربية، ليس في بلاد الشرق فقط، بل في أوربا والولايات المتحدة أيضا، حيث تدرّس العربية الآن في كثير من الجامعات البريطانية وفي بعض المدارس الثانوية أيضا. وتمنح هذه الجامعات طلابها شهادات أولية وشهادات عليا في اختصاصات مختلفة ترتبط باللغة والثقافة العربيتين.

وتختلف الدوافع لتعلم العربية، فبعض الناس يتعلمها من أجل التعرّف على الثقافة والعادات والتقاليد العربية، ومنهم من يتعلمها لأغراض دينية كما ذكرنا، وهي فهم تعاليم الدين الإسلامي، حيث نجد عددا من المسلمين في إيران وتركيا والباكستان وماليزيا وإندونيسيا وغيرها يتكلمون العربية. وهناك دوافع أخرى لتعلم العربية منها اقتصادية، حيث تمثّل الدول العربية وخاصة دول الخليج العربي مركزا تجاريا مهما لكثير من الشركات

العالمية الكبرى. ومنها سياسية، حيث يمثل الشرق الأوسط أحد مراكز الصراعات السياسية في العالم وخاصة الصراع العربي - الإسرائيلي. ومن المتوقع أن يزداد الاهتمام باللغة العربية في السنوات القادمة في أماكن متعددة من العالم.

1- متى انتقلت اللغة العربية إلى شمالي إفريقيا؟
....

2- هل يهتم المسلمون باللغة العربية كثيرا، ولماذا؟
....

3- أين تدرّس اللغة العربية حاليا؟
....

4- ما هي أسباب دراسة اللغة العربية من غير العرب؟
....

5- ما هو مستقبل اللغة العربية؟
....

Q127/ From the same text, decide whether the following sentences are true or false and correct the false ones.

1- اللغات العربية والعبرية والسريانية كلها من فرع واحد من اللغات في العالم.
....

2- المصريون تكلموا اللغة العربية قبل العراقيين.
....

3- اللغة العربية تدرس في بريطانيا في المدارس العربية فقط.
....

4- لا يمكن الحصول على شهادة الدكتوراه في العربية في الجامعات البريطانية.
....

5- الشركات العالمية تشجع موظفيها على تعلم العربية في الشرق الأوسط.
....

Q128/ Read the text and answer the following questions.

مطعم للصُمّ في مدينة غَزّة

A

أحمد دهمان شاب فلسطيني من مدينة غزة، ترك الدراسة مبكرا وبدأ البحث عن عمل ليساعد أسرته على عيش كريم. حاول أحمد أن يجد عملا مناسبا له، لكن أصحاب العمل كانوا يرفضون طلبه أو يطلبون منه ترك العمل بعد أيام قليلة لسبب وحيد، هو أنه أصَمّ (لا يسمع جيدا)، فلا يستطيعون التفاهم أو التواصل معه. قرّر أحمد أن يتصل ببعض المنظمات الإنسانية التي تعمل في فلسطين من أجل مساعدته في البحث عن عمل. أخيرا التحق بجمعية (أطفالنا) للصُمّ في غزة ونجح فيها في تعلم لغة الإشارة بعد دورات خاصة أخذت وقتا طويلا. كان معظم الأولاد والبنات المشاركين في الدورة في عمر أحمد أو أكبر قليلا أو أصغر، وكانت لديهم جميعا مشاكل في السمع أو في الكلام. وبعد وقت قصير تحولت العلاقة بينهم من زمالة إلى صداقة، خصوصا بعد تعلم لغة الإشارة، حيث صار التفاهم بينهم أيسر.

B

أثناء تلك الدورة جاءت لأحد المشاركين فكرة إنشاء مطعم صغير يديره فريق من الصُمّ والبُكم. كانت الفكرة غريبة في البداية، ولكن الفريق بدأ في البحث عن مكان للمطعم وعن أفراد أو جمعيات تساعده في تمويل المشروع. وبعد جهد طويل نجح الفريق في الحصول على تمويل من مؤسسة (دروسس) السويسرية، وبعد أشهر قليلة، في الثامن عشر من شهر تشرين الأول/أكتوبر، تم افتتاح المطعم وسُمّي (مطعم

أطفالنا)، الذي يقع بالقرب من ميناء غزة البحري، حيث الأسواق والمحلات التجارية الهامة. ويعتبر هذا المطعم الأول في غزة وفي فلسطين الذي يديره عاملون كلهم من الصُمّ. بدأ العاملون في هذا المطعم قبل افتتاحه بتدريبات شاقّة ومكثّفة لأشهر تلقّوا خلالها دورات في إدارة المطعم وكيفية الطبخ وتقديم وجبات الطعام والشراب واستقبال الزبائن والتعامل معهم.

C

عندما سمع الناس بخبر افتتاح هذا المطعم، كانت آراؤهم مختلفة حول هذه الفكرة، فبعضهم لم يصدق فكرة أن يدير فريق من الصُمّ مطعما بكل خدماته، وبعضهم قرر أن يزور المطعم ليرى بنفسه كيف يمكن لهؤلاء الشباب أن يديروا مطعما، وبعضهم رحب بهذه الفكرة وقرر مساعدتهم وتشجيعهم.

D

البداية كانت صعبة، كما يقول أحمد دهمان، الذي يعمل مقدم خدمات في المطعم، لأن الناس لم يكونوا قادرين على التفاهم معنا، ولكن بمرور الأيام أصبحوا يتعاملون معنا بشكل جيد، وتعلم بعضهم بعض الحركات من لغة الإشارة لطلب ما يحتاجون إليه، كما وجد عملنا إعجاب الكثير من الأجانب الذين أصبحوا أصدقاء دائمين للمطعم. ويضيف أحمد: هذه المرة الأولى التي أعمل فيها عملا دائما، وقد تغيرت حياتي بفضل وجودي هنا وازداد احترام الأهل والأصدقاء لي، وأشعر أنني أعمل في مكان خاص بي، وهذا يعطيني ثقة أكثر بنفسي ويشجعني

على العمل أكثر، عندما أرى الزبائن يعودون إلى المطعم مرة أخرى. ويضيف الشاب أحمد دهمان: في إحدى المرات دخلت امرأة إلى المطعم وشعرت بالخوف عندما عرفت أن المطعم يديره ويقدم خدماته أشخاص صُمّ، ولكن عندما شاهدتنا ونحن نتكلم ونضحك، فوجئت وأصبحت صديقة لنا وتعلمت لغة الإشارة وأصبحت زبونة دائمة للمطعم.

E

أما صديقه عمر الرنتيسي (23 عاما) فيقول: أعمل في صناعة الحلويات وأحب صنع الكعكة الكبيرة الخاصة بالأفراح، لكي يرى الجميع قدرتي على صنع الكعك والحلويات التي تعجب الجميع. وتقول أمينة العاملة المسؤولة عن إعداد أطباق السلطة في المطعم: في البداية كانت فكرة العمل داخل مطعم يأتي إليه زبائن من الناطقين صعبة إلى حد ما، لكن تدريجيا أصبح الأمر سهلا وأصبحت لدي خبرة في العمل بعد التدريب الذي خضعنا له حول كيفية العمل في المطعم. كما أن وجود عدد من الزملاء الصُمّ والبُكم الذين يعملون معي ساعدني أكثر على العمل. وتضيف أمينة: أن الأطباق التي نقدمها تكون مختلفة، وهذا ما يشجع الزبائن على العودة إلى المطعم مرة ثانية.

F

وأول ما يلفت انتباه الزوار لهذا المطعم هو وقوف شُبّان وفتيات من هؤلاء العاملين الصُمّ للترحيب بالزبائن بلغة الإشارة. كما يتميز المطعم من الداخل بديكورات حديثة صنعت في مصانع خاصة بالصُمّ، وقد وضعت إشارات للصُمّ على مدخل المطعم وجوانبه. كما أن الزوار لا

يجدون صعوبة في طلب وجباتهم المفضلة، فقائمة الطعام في المطعم مرقّمة بأرقام تميز كل طلب، ومن خلالها يمكن للزائر طلب ما يريد بالإشارة إلى طلبه الذي يستطيع العامل قراءته من القائمة نفسها.

G

وقد أنشأت جمعية (أطفالنا) للصُمّ هذا المطعم ضمن مشروع لإيجاد فرص عمل للشباب المُعاقين سمعيا. وقال مدير الجمعية نعيم كباجه عن هذا المشروع: إنه جديد ومميّز على مستوى المنطقة، مضيفا أنه يدل على قدرة الشباب الصُمّ على النجاح والتطور، إذا توفّرت لديهم الفرص المناسبة. ويوضح مدير الجمعية: أن فكرة المشروع تأتي أيضا نتيجة الأعداد الكبيرة من الصُمّ المتعلمين الذين لا يستطيعون إيجاد عمل مناسب بسبب عدم معرفتهم بلغة الإشارة التي تجعل تواصلهم مع المجتمع صعبا، حيث تصل نسبة المعاقين سمعيا في فلسطين إلى 1 %.

adapted from www.emaratalyoum.com

1- ماذا فعل أحمد حين لم يجد عملا مناسبا له، ولماذا؟
....

2- لماذا سمي المطعم (مطعم أطفالنا)؟
....

3- ماذا قال الناس بعدما سمعوا بخبر افتتاح مطعم (أطفالنا)؟
....

4- كيف شعرت المرأة التي زارت المطعم أول مرة، ولماذا؟
....

5- كيف يطلب الزبون الذي لا يعرف لغة الإشارة الطعام في هذا المطعم؟
....

Q129/ From the same text, decide whether the following sentences are true or false and correct the false ones.

1- طلب أصحاب العمل من أحمد أن يترك العمل، لأنه كان كسولا ولا يحب العمل.
....

2- شعر أحمد بصداقة جيدة مع المشاركين في الدورة، لأن بعضهم كانوا من أقاربه.
....

3- موقع المطعم بالقرب من ميناء غزة البحري ساعد في شهرته.
....

4- عمر الرنتيسي هو العامل المسؤول عن تحضير السلطات في المطعم.
....

5- يزور المطعم عادة العرب فقط، لأن الطعام الذي يقدم فيه طعام شرقي.
....

Q130/ Choose the correct sub-title below for each paragraph in the previous text.

1- لكل عامل وظيفة مناسبة بعد التدريب
2- التغيير الذي حدث في مشاعر أحمد بعد العمل في المطعم
3- الصعوبات التي واجهت أحمد قبل العمل في مطعم أطفالنا
4- آراء مختلفة حول المشروع
5- الهدف من المشروع في رأي المسؤولين عنه
6- ما الذي يشجع الزبائن على زيارة المطعم
7- فكرة المشروع ...كيف بدأت، ومن كان الممول له

Q131/ From the same text (paragraphs), find the synonym (similar meaning) of the following words.

1- أسهل

P: A

2- عمل / بحث

P: B

3- صعب

P: B

4- جميل/ رائع

P: G

Q132/ From the same text, choose the correct meaning of the following words or phrases.

1- أصمّ - صُمّ

A- deaf people
B- young people
C- unemployed people

2- تمويل

A- training
B- financing
C- providing

3- تلقّوا

A- to receive
B- to support
C- to take

4- فوجِئت

A- to be worried
B- to be afraid
C- to be surprised

5- تدريجيا

A- usually
B- gradually
C- emotionally

6- خضع لِ

A- to undergo
B- to provide
C- to assist

7- يُلفِت انتِباه

A- to like
B- to wish
C- to attract

8- المُعاق

A- disabled
B- capable of
C- unaware of

9- توفَّرت

A- to be offered
B- to be taken
C- to be stopped

Q133/ Choose the correct word from the list below to fill in the gaps.

(يظهر - ازدادت - ما زال - الألوان - يقام - أهم - عدد - امرأة - أصبح - صناعة)

السينما المصرية

بدأت السينما العربية في مصر سنة 1927 في فلم (ليلى)، وكانت الممثلة (عزيزة أمير) أول _____ مصرية عملت في السينما. وفي سنة 1932 بدأت أول مغنية مصرية العمل في السينما، واسمها نادرة في فيلم (أنشودة الفؤاد)، وهو أول فيلم غنائي مصري. وكان أول مغنٍ _____ في السينما هو محمد عبد الوهاب في فيلم الوردة البيضاء).

و _____ الأفلام المصرية من 16 فيلما في سنة 1944 إلى 67 فيلما في سنة 1946. وظهر _____ من المخرجين مثل أحمد بدرخان وحسن الإمام والممثلين والممثلات مثل عمر الشريف الذي _____ فيما بعد ممثلا عالميا، وليلى مراد. وفي عام 1950 أنتج فيلم (بابا عريس) وكان أول فيلم مصري بـ _____.

وفي مئة عام تقريبا كان للسينما المصرية أكثر من أربعة آلاف فيلم، وهي أكثر البلاد العربية التي عملت في _____ الأفلام السينمائية.

وفي مصر _____ في كل سنة مهرجان القاهرة الدولي للأفلام السينمائية، حيث كانت بدايته في سنة 1976، و _____ حتى يومنا هذا. وهو أول مهرجان للأفلام السينمائية في منطقة الشرق الأوسط وواحد من _____ أحد عشر مهرجانا في العالم.

adapted from www.cinemamisr.blogspot.com

Q134/ Read the text and answer the following questions.

كأس العالم لكرة القدم سنة 2022 في قطر

A

فازت قطر يوم أمس الخميس بتنظيم دورة كأس العالم لكرة القدم لسنة 2022 الذي أعلن في مدينة زيورخ السويسرية. وأصبحت قطر أول دولة في الشرق الأوسط تحصل على هذا الشرف بعد أن حصلت على أربعة عشر صوتا مقابل ثمانية أصوات للولايات المتحدة الأمريكية.

B

وبعد إعلان الفوز خرج الآلاف من الناس في شوارع العاصمة القطرية للاحتفال بفوز بلادهم بهذه المناسبة العظيمة، كما شاركت الجاليات العربية المختلفة التي تقيم في قطر بهذه الاحتفال. ورفع المشاركون أعلام دولهم العربية ليقولوا إن فوز قطر بهذا الشرف هو فوز لكل العرب.

C

وحضر أمير قطر اجتماع الاتحاد الدولي لكرة القدم (الفيفا) في زيورخ مع الوفد القطري وكانوا سعداء بإعلان فوز بلدهم باستضافة بطولة كأس العالم لسنة 2022. وقال الشيخ محمد بن حمد (ابن أمير قطر) ورئيس الملف القطري لتنظيم الدورة: إن هدف قطر من تنظيم البطولة هو إعطاء فرصة للشعب العربي لمشاهدة مباريات كرة القدم في الملاعب والاستمتاع بجو المونديال لشهر كامل في بلد عربي. وكذلك لجعل كرة القدم أكثر شعبية في البلاد العربية، كما أنها ستوفر فرص عمل كثيرة للعمال العرب والأجانب للعمل في قطر. بالإضافة إلى ذلك، ستعرف العالم بالثقافة العربية وعادات العرب وتقاليدهم.

D

وأمام قطر عدة مشاكل للنجاح في تنظيم هذه البطولة، ومن أهمها هي درجة الحرارة العالية، حيث إن البطولة ستكون في فصل الصيف بين جون/حزيران حتى منتصف يوليو/تموز، ودرجة الحرارة تكون عادة بين 40-45 درجة مئوية في قطر وبقية دول الخليج العربي. وقال رئيس الملف القطري: إن قطر ستبني عدة ملاعب حديثة مغلقة ومزودة بتبريد مركزي يجعل درجة الحرارة مناسبة للمباريات. كما أن الفيفا قد يغير موعد البطولة إلى فصل الشتاء بدلا من الصيف.

E

بالإضافة إلى ذلك، تحتاج قطر إلى بناء عدد من ملاعب كرة القدم والفنادق والمطاعم للجمهور الذي سيحضر لمشاهدة المباريات والإقامة فيها. وكذلك تحتاج قطر إلى بناء مواصلات حديثة مثل القطارات والباصات لنقل الفرق المشاركة والجماهير بين الملاعب والفنادق التي ينزلون فيها. وهناك خطة للحكومة القطرية لبناء شبكة قطارات (ميترو) حديثة لتسهيل انتقال الجماهير أثناء الدورة. وستكون هناك ساحات خاصة يسمح للجمهور فيها بشرب الخمر، لأنه ممنوع في الأماكن العامة في قطر مثل كثير من الدول الإسلامية. وقال رئيس الوفد القطري: إن هذه البطولة ستكون ناجحة وممتعة وإن قطر ستنفق الكثير من أجل إنجاحها.

F

وفي نفس اليوم كان الإعلان عن الدولة الأوربية التي ستنظم دورة كأس العالم لسنة 2018، وهي روسيا التي أصبحت أول دولة من أوربا الشرقية تفوز بتنظيم كأس العالم. وقد حضر فلاديمير بوتين

بنفسه إلى مدينة زيورخ ليشكر رئيس الفيفا على جهوده من أجل التحضير لدورات كأس العالم.

G

من المعروف أن دورة كأس العالم تنظم كل أربع سنوات ويشاهدها الملايين من الجماهير في مختلف دول العالم في الملاعب أو مباشرة في التلفزيون أو في الساحات العامة من خلال شاشات كبيرة. والدولة التي تنظم هذه البطولة تحصل عادة على أموال كثيرة من الأرباح التي تأخذها من شبكات التلفزيون العالمية، وكذلك من مئات الآلاف من الجماهير التي تحضر لمشاهدة المباريات وتقيم في فنادق تلك الدولة.

adapted from
AL-Quds Al-Arabi

1- ماذا فعل الناس في قطر عندما سمعوا خبر فوز بلدهم بتنظيم كأس العالم؟

....

2- ماهي أهداف قطر من تنظيم البطولة؟

....

3- كيف ستحل قطر مشكلة الجو الحار في الصيف؟

....

4- هل ستحتاج قطر إلى قطارات أثناء البطولة، ولماذا؟

....

5- من هي أول دولة في أوربا الشرقية نظمت بطولة كأس العالم، ومتى؟

....

Q135/ From the same text, choose the correct meaning of the following words.

1- تنظيم

A- invitation
B- hosting
C- building

2- شرف

A- priority
B- honor
C- ability

3- إعلان

A- announcement
B- celebration
C- admission

4- وفد

A- delegation
B- group
C- army

5- ملف

A- application
B- project
C- trade

6- فرصة

A- visit
B- gift
C- opportunity

7- مزوّدة

A- made from
B- supplied with
C- attached to

8- منافسة

A- competition
B- game
C- winning

9- أسّس

A- to organize
B- to celebrate
C- to found

10- يستمتع

A- to enjoy
B- to like
C- to encourage

Q136/ From the same text (paragraphs), find the synonym (similar meaning) of the following words or phrases.

1- نجاح ----------- P: A

2- تعطي فكرة ----------- P: B

3- جديد ----------- P: C

4- قوي ----------- P: D

5- يصرف ----------- P: E

Q137/ From the same text, decide whether the following sentences are true or false and correct the false ones.

1- ابن أمير قطر كان رئيس الملف القطري لتنظيم بطولة كأس العالم.

2- عدد الأصوات في الفيفا واحد وعشرون صوتا.

3- سيكون شرب الخمر مسموحا به في قطر للأجانب فقط وفي كل مكان.

4- سافر فلاديمير بوتين إلى زيورخ ليحضر اجتماعا مع أمير قطر.

5- ستكون مشاهدة مباريات كأس العالم في قطر مجّانية للقطريين.

Q138/ Choose the correct sub-title below for each paragraph of the text.

1- الاحتفالات في كل البيوت والشوارع

2- بطولات كأس العالم وكيفية تنظيمها والفوائد التي يحصل عليها البلد المنظم للبطولة

3- لماذا نريد تنظيم بطولة كأس العالم

4- تطوير الاقتصاد في قطر قبل كأس العالم وبعده

5- خطة قطر في تنظيم البطولة والمشاكل التي تواجهها

6- العرب ينظمون بطولة كأس العالم للمرة الأولى

7- الدول الفائزة في بطولة كأس العالم

8- أهم الصعوبات أمام قطر لتنظيم هذه البطولة

9- بطولة كأس العالم القادمة لكرة القدم... أين

10- رأي الصحف والمجلات العربية في هذا الخبر

Q139/ After the announcement of Qatar winning to host the world cup tournament in 2022, President Obama said: that was a mistake! Write (50 words) in Arabic whether you agree with Obama's opinion and why.

في رأيي،

Q140/ Choose the correct preposition to fill in the gaps.

(في - إلى - بـ - من - على - عن)

1- في المساء عادة أستمع ـــــــــ الموسيقى.

2- شارك كل الطلاب ـــــــــ الحفلة الأخيرة.

3- سيتكلم الأستاذ ـــــــــ هذا الموضوع في المحاضرة.

4- التحق ابن عمي ـــــــــ الجيش بعد الجامعة.

5- استمتعت كثيرا ـــــــــ هذا الفلم.

6- أخرجت الكتب ـــــــــ المكتبة.

7- حصلت أختي ـــــــــ عمل جديد.

8- لا نعرف شيئا ـــــــــ هذه القصة.

9- يدافع الجندي ـــــــــ البلد.

10- أحتاج ـــــــــ عطلة بعد الامتحانات.

11- نشتري السمك عادة ـــــــــ هذا السوق الكبير.

12- سألت ـــــــــ عنوان الجامعة.

Q141/ Change the (an + present tense verb) form into a verbal noun in the following sentences.

1- أحب أن أكتب القصص في نهاية الأسبوع.
....

2- أسرة صديقي لا تريد أن تسافر إلى المكسيك.
....

3- من يشعر بالألم، يجب عليه أن يذهب إلى الطبيب.
....

4- في عطلة الصيف أريد أن أحصل على عمل في البنك.
....

5- هل تفضلون أن تسبحوا في البحر أم في المسبح؟
....

6- أحب أن أساعد أصدقائي في عملهم.
....

Q142/ Read the text and decide whether the following sentences are true or false and correct the false ones.

المدارس المتنقّلة للبَدو في السودان

A

يوجد في السودان كثير من المدارس الابتدائية الصغيرة التي تنتقل في مناطق مختلفة يسكنها البدو لوقت قصير. زهراء محمد أحمد، وعمرها خمسة عشر عاما، كانت إحدى الطالبات اللاتي درسن في المدارس الابتدائية المتنقلة، وهي الآن عضوة في أحد المجتمعات البدوية في السودان. حصلت زهراء على فرصة التعليم الابتدائي في المدارس المتنقلة التي تدعمها منظمة اليونيسيف في ولاية النيل الأبيض في السودان. وتشعر زهراء بالفرح والفخر بنفسها، حيث حصلت على نتائج امتحانات الصف الثامن في شهر مارس/آذار التي تشير إلى أنها حصلت على درجة 239 من أصل 280.

B

وما جعل هذا النجاح خاصا هو أن زهراء جاءت من أحد المجتمعات البدوية في السودان، وهي مجتمعات نسبة الأمية فيها مرتفعة جدا بين الناس الذين لا يعرفون القراءة والكتابة. كما أن هذه الجماعات عادة ترفض إرسال أبنائها، وخاصة البنات، إلى المدرسة. ويمثل البدو 8% من سكان السودان البالغ عددهم 45 مليون نسمة، وهم يتنقلون في ثلث مساحة البلاد الواسعة.

C

في التسعينيات بدأت فكرة المدارس المتنقلة، حيث كانت هناك شراكة بين الحكومة السودانية ومنظمة اليونيسف والمجتمعات البدوية. وكان الهدف منها تشجيع الأطفال من البدو على الدراسة وحصولهم على نفس فرص التعليم مثل غيرهم من الأطفال السودانيين. في البداية تمّ إنشاء المدارس المتنقلة في منطقتي دارفور وكردفان في غربي السودان. وكانت زهراء واحدة من أوائل الطلاب المسجلين عندما فتحت مدارس مشابهة بعد ذلك في ولاية النيل الأبيض.

D

وتقول زهراء: أتذكر عندما كان عمري ست سنوات، أخبرني أبي أنه سيتم إنشاء مدرسة في مجتمعنا وأنني سأكون واحدة من طلابها. كنت سعيدة للغاية! وبعد تسع سنوات يذكر تقرير لوزارة التربية والتعليم في ولاية النيل الأبيض في السودان أن زهراء و109 طلاب من البدو الرحّل الآخرين من ست مدارس كانوا يمثلون الدفعة الأولى التي تكمل التعليم الابتدائي منذ بداية البرنامج، وقد نجح جميع الطلاب في الامتحانات وحصلوا على درجات مثيرة للإعجاب.

E

وبمناسبة هذا النجاح تم تنظيم احتفال خاص في منطقة (أم سراية)، وحضر الاحتفال مدراء للتربية والتعليم في ولاية النيل الأبيض وولاية سنار وغيرهم من المسؤولين الحكوميين الكبار. وقال محمد أجيد، زعيم الجماعة: نحن فخورون بالنتائج الممتازة التي حققها أبناؤنا وبناتنا، وشكر الدعم الذي قدمته وزارة التربية ومنظمة اليونيسيف للبرنامج.

F

كانت أول مجموعة من المدارس المتنقلة في ولايتي دارفور وكردفان في خيام أو في مبانٍ مؤقتة مصنوعة من القشّ والخيزران. وكانت بعض الدروس تقام تحت الأشجار الكبيرة فقط. وتم تزويد المدارس بالكتب والمواد التعليمية وكذلك بالمصابيح لتسهيل تنظيم الدروس المسائية للأطفال والكبار. يصل الطلاب إلى المدارس على الجِمال ويبدأون يومهم الدراسي في وقت متأخر من النهار بعد انتهاء العمل في مساعدة أسرهم مثل رعي الجمال.

G

واليوم هناك أكثر من مئتي ألف طفل من البدو المسجلين في ألف وخمسمئة مدرسة حكومية للبدو في كل ولاية سودانية تقريبا. وهذا دليل على تطور هذا النوع من التعليم في السودان. وقالت مديرة التعليم البدوي ريا أحمد حسن: كان السكان البدو يقولون عندما يعرف الطفل طعم المدرسة والبلدة، لا يريد أن يعود إلى أسرته أو أن ينتقل إلى مكان آخر.

وأضافت: لكنه لا يزال هناك حوالي أربعة وعشرين ألف طفل بدوي في سن الدراسة خارج المدارس في ولاية النيل الأبيض.

H

وقد حضر أكثر من ثلاثة آلاف شخص في الاحتفال في منطقة (أم سراية) منهم قادة المجتمع المحلي والمعلمون وتلاميذ المدارس، وهذا دليل على أن المجتمعات البدوية تحب التعليم كثيرا وتشجع أبناءها على الدراسة. كان الاحتفال في خيمة كبيرة زيّنت بالأعلام الملونة، وكان الاجتماع يمثل فرصة لزيادة الاهتمام بالبرنامج التعليمي من المعلمين، ورسالة الأطفال كانت مشجعة كذلك.

I

وقالت زهراء: أخواتي الكبريات الثلاث لم تكن لهن فرصة الذهاب إلى المدرسة، ولكن أختي الصغرى الآن في الصف الرابع، وأخي كذلك مسجل في الصف الأول في المدرسة نفسها. وأضافت: أقول للأطفال الآخرين كم من المهم بالنسبة لهم الذهاب إلى المدرسة. إننا نحتاج إلى عمل كبير لنثبت أن التعليم مهم للبنات البدويات ومفيد في الحياة.

J

وتضمّ ولاية شمال كردفان أكثر من مئة وسبعين مدرسة من هذا النوع يدرس فيها نحو اثني عشر ألف طالب، لكنها تعاني من نقص شديد في عدد المعلمين تقدر نسبته بـ 75%. فالمدرس فراج المحبوب، الذي يعمل بمدرسة حاج عشي المتنقلة، يدرس أربعة فصول في خيمة واحدة، وهي مهمة صعبة مع قلة مستلزمات التعليم الأساسية. أما ولاية النيل الأبيض في السودان فمنظمة اليونيسف هي التي تدعم تعليم البدو الرحل فيها بفضل التبرعات السخية لحكومة هولندا ومنظمات أخرى. وتعتمد بعض هذه المدارس على التمويل المحلي، كما يقول مدير إدارة تعليم أبناء البدو في الولاية إدريس الجاك، وإن ثلاثة أرباع هذه المدارس تعمل بمعلم متعاون يدفع أجرته السكان ويوفرون له السكن والطعام.

adapted from www.unicef.org/arabic/infobycountry/sudan

1- زهراء تدرس الآن في الصف التاسع في المدرسة المتنقلة.

2- المدارس المتنقلة في السودان تكون في بنايات صغيرة أو (كارافانات).

3- تبدأ الدروس في المدارس المتنقلة الساعة التاسعة صباحا.

4- أطفال البدو يحبون الدراسة ولا يريدون ترك المدرسة والذهاب إلى مكان آخر.

5- كل إخوة زهراء وأخواتها ذهبوا إلى المدارس المتنقلة.

Q143/ From the same text, answer the following questions.

1- كيف تشعر زهراء بعد النجاح، ولماذا؟

2- لماذا كان نجاح زهراء نجاحا خاصا؟

3- كيف بدأت فكرة المدارس المتنقلة، وما هو الهدف منها؟

4- ماذا فعل سكان منطقة (أم سراية) بعد نجاح أولادهم في المدرسة المتنقلة؟

5- من يدفع الأموال للمدارس المتنقلة في السودان، وكيف؟

Q144/ From the same text (paragraphs), find the synonym (similar meaning) of the following words or phrases.

1- لا يقبل

P: B

2- ممتاز/ جيد جدا

P: D

3- عمر

P: G

4- كريم

P: J

5- يعطي

P: J

Q145/ Choose the correct sub-title below for each paragraph of the text.

1- نجاح زهراء في المدارس المتنقلة

2- الفرحة بعد النجاح .. كيف تكون

3- الصغار يحبون الدراسة

4- بداية تعليم البدو في المدارس

5- حالة التعليم للبنات البدويات

6- أسرة زهراء ودراستهم

7- الخطوة الأولى للمشروع

8- مشاكل المدارس المتنقلة والمساعدون لها

9- حالة المدارس في بداية المشروع

10- أنواع المدارس المتنقلة

11- الآباء يريدون التعليم لأولادهم

12- مساعدة البلاد العربية للمدارس المتنقلة

Q146/ Write a letter (60 words) to the UNICIF to express your opinion about this project with some suggestions or if you would like to take part in this project and how.

Q147/ Read the text and answer the following questions.

جامعة القرويين

كانت المساجد في القرون الماضية في البلاد الإسلامية تقوم بالدور الذي تؤدّيه المدارس والجامعات اليوم إلى جانب كونها دور عبادة. وجامعة القرويين في مدينة فاس في المغرب تعتبر واحدة من تلك الأعمال الجليلة التي تشهد بفضل المرأة المسلمة في هذا المجال.

يرجع تاريخ تلك الجامعة إلى القرن الثالث الهجري، عندما اتسعت مدينة فاس ورحل إليها كثير من أهل المغرب والأندلس، ولزم الأمر بناء مسجد كبير للصلاة والتعليم. فقامت بإنشائه الأختان فاطمة ومريم ابنتا محمد بن عبدالله القيرواني، وأنفقتا على ذلك الأموال التي تركها لهما والدهما.

ولجامعة القرويين أثر كبير في تاريخ المغرب العربي وفي نشر الدين الإسلامي في إفريقيا والأندلس. وقد تلقى العلم فيها علماء مسلمون وأجانب ولا زالت مفتوحة حتى اليوم. وممن درس في جامعة القرويين في الماضي سيلفستر الثاني الذي شغل منصب البابا بين أعوام 999-1003 م، ويقال إنه هو الذي أدخل الأرقام العربية إلى أوربا. وممّن درّس فيها الطبيب والفيلسوف اليهودي موسى بن ميمون الذي قضى فيها عدة سنوات.

وحسب كتاب (موسوعة) جينيز للأرقام القياسية، فإن جامعة القرويين هي أول جامعة وأقدمها في العالم.

adapted from
www.marefa.org

1- ماذا كان دور المساجد في الماضي؟

2- من بنى جامعة القرويين، ومتى بنيت؟

3- ما أهمية جامعة القرويين؟

4- من أشهر الدارسين والمدرسين في جامعة القرويين؟

5- كيف دخلت الأرقام العربية إلى أوربا؟

6- كيف ذُكِرَت جامعة القرويين في العالم الحديث؟

Q148/ From the same text, decide whether the following sentences are true or false and correct the false ones.

1- كانت المساجد في الماضي للعبادة فقط.

2- بُنِيَت جامعة القرويين في القرن الثالث الميلادي.

3- بَنَت الأختان فاطمة ومريم جامعة القرويين من مال أمهما.

4- لجامعة القرويين أهمية كبيرة في نشر الدين الإسلامي في إفريقيا فقط.

5- درس في جامعة القرويين علماء مسلمون وغير مسلمين.

Q149/ Fill in the gaps using the correct word from the list below.

(تقيم - التقاليد - وضعنا - أجنبية - الحديث - أراد - تشجيع - تلتقي - الجاليات - قرر)

1- في لندن يسكن كثير من _____ العربية وغيرها منذ سنين طويلة.

2- تستطيع السكرتيرة الجديدة _____ باللغتين الإنجليزية والفرنسية.

3- يحاول المدرسون دائما _____ الطلاب على أداء الواجبات المدرسية.

4- بعد الجامعة _____ أخي الالتحاق في برنامج الماجستير.

5- نحن نحترم _____ التي نراها في البلاد التي نزورها.

6- هل يمكنك أن _____ معنا غدا في الجامعة؟

7- عندي صديقة إسبانية _____ في المغرب منذ ثلاث سنوات.

8- قبل السفر إلى جنوب إفريقيا _____ برنامجا لكل العائلة.

9- هذا المصنع بنته شركة _____ قبل سنتين.

10- باع صديقي بيته و _____ أن يشتري بيتا أكبر.

Q150/ Translate the following sentences into English.

1- عندما نعود من السفر الطويل نكون عادة متعبين.

_____

2- شركات السياحة ترتب العطل المختلفة لكل الناس.

_____

3- نشتري الفواكه والخضراوات من السوق عادة في نهاية الأسبوع.

_____

4- أقضي معظم الوقت في المساء في مشاهدة التلفزيون أو قراءة الصحف.

_____

5- قرأنا نصف القصة في المكتبة وسنكمل البقية في البيت.

_____

Q151/ Read the text and answer the following questions.

تدريس اللغة العربية في مدرسة ألمانية

تقرّر في وزارة التربية الألمانية إدخال اللغة العربية في مدرسة المبدعين الابتدائية في برلين خلال الدروس الرئيسية في جميع الفصول من السنة الأولى حتى السادسة كلغة أجنبية أولى للتلاميذ الألمان. وقد وضعت البروفسورة الألمانية جترلندا ملهورن ، التي أسست سلسلة مدارس الإبداع في ألمانيا سنة 1976 والمتخصّصة في اللغة العربية، برنامجا محفّزا للتلاميذ في مجالات العلوم والرياضيات والحاسوب واللغات الأجنبية.

وتخيّر المدرسة التلاميذ بين تعلم اللغة الصينية أو العربية كلغة أجنبية. وعلى الرغم من المساعدات التي تقدمها الصين لتشجيع التلاميذ الألمان على تعلم اللغة الصينية وغياب مثل هذا الدعم من أية دولة عربية، فإن نسبة التلاميذ الذين يفضلون تعلم اللغة العربية أكثر.

وتتضمن الدروس الأسبوعية تعلم بعض القواعد الأساسية في النَّحو والصَّرف. ويهدف البرنامج إلى تمكين التلاميذ من القراءة والتحدّث ببعض العبارات والجمل الأساسية باللغة العربية وإعطائهم فكرة أولية عن العادات والتقاليد والثقافات العربية والإسلامية.

وتختلف دوافع هؤلاء الصغار لتعلم اللغة العربية، فمنهم من يحب الخط العربي ويريد أن يتمكّن من قراءته وكتابته بسهولة، ومنهم من يريد السفر مع أسرهم أو المدرسة إلى الشرق الأوسط في العطلة أو في المستقبل، ومنهم من لديه أصدقاء من الجاليات

العربية المقيمة في ألمانيا ويريد التحدث معهم بلغتهم، وآخرون يريدون فقط التعرف على الثقافة العربية.

adapted from www.mowatine.com/article

1- أين تقرر إدخال اللغة العربية في ألمانيا؟

2- من يقدم الحوافز لتشجيع التلاميذ الألمان على تعلم العربية؟

3- ماذا يتضمن درس اللغة العربية في هذه المدرسة؟

4- ما الهدف من برنامج تعليم العربية؟

5- ما أهم دوافع التلاميذ الألمان لتعلم العربية؟

6- هل يزور بعض أطفال هذه المدارس البلاد العربية، متى وكيف؟

Q152/ From the same text, decide whether the following sentences are true or false and correct the false ones.

1- وزارة التربية الألمانية هي التي أسست مدارس الإبداع في ألمانيا.

2- نسبة التلاميذ الذين يتعلمون العربية مثل نسبة التلاميذ الذين يتعلمون اللغة الصينية.

3- يدرس التلاميذ اللغة العربية مرتين كل أسبوع.

4- يفضل بعض التلاميذ دراسة العربية، لأنهم يحبون الخط العربي الجميل.

5- بعض التلاميذ الألمان لديهم أصدقاء من أطفال الجاليات العربية.

6- في نهاية البرنامج يمكن للتلاميذ المشاركين فيه أن يتكلموا العربية جيدا.

Q153/ From the same text, choose the correct meaning of the following words.

1- تَقرّر

A- to be decided
B- to be financed
C- to be delayed

2- مُبدع

A- obedient
B- healthy
C- inventive

3- مُحفّز

A- dependent
B- motive
C- supplementary

4- تُخيّر

A- to give a priority
B- to give an option
C- to give some encouragement

5- دَعم

A- responsibility
B- commitment
C- support

6- تَتَضَمَّن

A- to include
B- to enable
C- to provide

Q154/ Use each of the following words to write a sentence.

1- تقرر ....

2- مبدع ....

3- محفز ....

4- تخير ....

5- دعم ....

6- تتضمن ....

Q155/ From the same text, match between each word below and its meaning in English.

support	1- تقرر
traditions	2- مبدع
rate	3- سلسلة
font	4- تحفيز
absence	5- مجالات
to be decided	6- رغم
series	7- تمنح
resident	8- تشجع
to offer	9- غياب
despite	10- دعم
motivation	11- نسبة
to encourage	12- فصول
enable	13- تمكن
culture	14- فكرة
idea	15- عادات
ingenious	16- تقاليد
community	17- ثقافة
fields	18- خط
lessons	19- جاليات
customs	20- مقيم

Q156/ Read the text and answer the following questions.

رسالة من رجل فلسطيني إلى موقع (فَيسبوك)

A

خليل شريتح شاب فلسطيني يبلغ من العمر ثلاثين عاما، من مدينة (يَطا) في محافظة (الخليل) في فلسطين. بدأ حياته عاملا في أماكن متعدّدة للحصول على حياة كريمة ثم درس في جامعة القدس المفتوحة هندسة المعلومات (الكومبيوتر) في سنة 2002. بعد التخرج عمل خليل في بعض مراكز (الكمبيوتر) في محافظة الخليل، وبعدها عمل مع شركات تصميم وبرمجة في مدينة (رام الله) ثم عاد إلى الخليل بعد ذلك، وهو يقيم حاليا في مدينة (يطا). لدى خليل مثل كثير من الناس، حساب أو صفحة على موقع التواصل الاجتماعي الأكثر شعبية في العالم (فيسبوك)، ويقضي كثيرا من وقته أمام الكومبيوتر للحديث والتواصل مع الأقارب والأصدقاء.

B

في يوم ما، وجد خليل ثغرة (مشكلة) في حسابه في موقع (فيسبوك)، حيث يمكن لأي مستخدم (صديقا أو غير صديق) أن يدخل على صفحته أو أية صفحة أخرى ويكتب أو ينشر ما يريد دون معرفة صاحب الصفحة بذلك. كتب خليل إلى الموظفين في القسم الأمني في الموقع وأبلغهم عن هذه الثغرة وشرح لهم تفاصيلها. انتظر خليل عدة أيام ولم يصله أي ردّ من الموظف الأمني في (فيسبوك)، وكان هذا غريبا، حيث يرد الموظفون عادة على رسائل المشتركين ومشاكلهم خلال 24 ساعة من وقت الإبلاغ. كتب خليل مرة ثانية عن هذه المشكلة، وفي اليوم التالي وصله الرد من القسم الأمني في الموقع، وهو أنه ليست هناك أية مشكلة في صفحته وأن نظام الموقع يعمل جيدا ولا يمكن لأحد أن يخترقه.

C

لم يكن خليل مقتنعا بهذا الرد، فقرر أن ينشر رابطا في صفحة (جودين سارتر)، وهي صديقة لمؤسس شركة (فيسبوك) ومالكها (مارك زوكربرج) أثناء دراستهما في الجامعة، وكتب للموظفين عن

ذلك. لكن الموظف المسؤول رد عليه بأنه لم يجد ذلك الرابط، فقرر خليل أن ينشر في صفحة (مارك زوكربرج) الخاصة عن هذه المشكلة لكي يثبت لهم أنه على حق وأن هناك ثغرة في النظام الأمني للموقع.

D

بعد دقائق قليلة فقط، وصلت رسالة إلى خليل في صفحته من مهندس البرامج في شركة (فيسبوك)، تطلب منه أن يكتب كل التفاصيل عن هذه المشكلة ويرسلها إلى بريده الإلكتروني (إيميل). رفض خليل ذلك الطلب وكتب رسالة لذلك الشخص يقول فيها: إنه سيرسل التفاصيل إلى القسم الأمني للشركة، لأنه لا يثق بهذا الموظف. بعد دقيقة واحدة، كان رد الشركة هو إغلاق صفحة خليل على (فيسبوك) بسبب مخالفته لقوانين الشركة. حاول خليل الاتصال بشركة (فيسبوك) عدة مرات باستخدام البريد الإلكتروني من أجل إعادة فتح حسابه، والحصول على مكافأة مالية لا تقل عن 500 دولار أمريكي، كما تفعل عادة شركة (فيسبوك) مع أي إبلاغ عن أية ثغرة. كان رد الشركة هو إعادة فتح صفحته على (فيسبوك)، لكنه لن يحصل على أية مكافأة مالية بسبب مخالفته لقوانين الشركة.

E

كان خليل يتوقع من شركة (فيسبوك) أن تكافئه بمبلغ أربعة آلاف دولار، كما فعلت قبل أسابيع من ذلك التاريخ مع شخص غربي وجد ثغرة في نظام الشركة. وعندما عرف خليل بخبر إغلاق صفحته في (فيسبوك)، قرر أن ينشر على مدونته الخاصة تسجيلا (فيديو) يشرح فيه للناس قصته مع شركة (فيسبوك) وكيف أغلقت الشركة حسابه.

F

حاول (مارك ميفرت)، وهو رئيس شركة أمان معلوماتية، مع أصدقاء من دول مختلفة، عندما سمعوا بقصة خليل، أن يجمعوا مكافأة له

تصل إلى عشرة آلاف دولار. ويقول مارك: إنه ساهم بمبلغ ألفي دولار كبداية لجمع المكافأة. ويضيف: أن خليل الذي يسكن هناك في مدينة في فلسطين، تمكن من اكتشاف الثغرة بجهاز حاسوب (كمبيوتر) محمول عمره أكثر من خمس سنوات، وهذه المكافأة يمكن أن تساعده في عمله وحياته. وفي وقت قصير نجح المشروع في الوصول إلى هدفه بجمع المبلغ المطلوب من كثير من الناس حول العالم لمكافأة خليل.

G

وقد اهتمت وسائل الإعلام العربية والعالمية بهذه القصة كثيرا، لأن خليل نجح في اختراق حساب مؤسس (فيسبوك)، ولأن شركة (فيسبوك) رفضت إعطاء المكافأة لخليل، وكذلك لأن أحد الخبراء قام بحملة لجمع عشرة آلاف دولار مكافأة لخليل. وقال جو سوليفان (رئيس القسم الأمني في شركة فيسبوك): إن الشركة بعد هذه القصة، قررت تحسين طريقة التواصل بالبريد الإلكتروني بين الفريق الأمني للموقع وبين المشتركين. وأضاف: أنه يفهم جيدا كيف يشعر خليل. وقال أيضا: لقد قمت بمراجعة اتصالاتنا مع خليل وأظن أننا أخطأنا في الحكم على طلبه بأنه لا يستحق المراجعة، لأن المعلومات التي كتبها لنا عن تلك الثغرة كانت قليلة.

H

ويقول خليل شريتح في مقابلة معه، بعد أن شرح قصته مع شركة (فيسبوك): إن ما تعلمته في جامعة القدس المفتوحة كان الأساس الحقيقي للخبرة العملية التي حصلت عليها وبنيت عليها أعمالي. وأشار إلى الخبرات العلمية في الجامعة، كما قدم شكرا خاصا للأستاذ الدكتور يونس عمرو الذي يهتم كثيرا بالطلاب المتفوقين، وخاصة في مجال تكنولوجيا المعلومات.

adapted from www.alwatanvoice.com/arabic/news

1- ما هي المشكلة التي وجدها خليل في صفحته في (فيسبوك)، وماذا فعل بعدها؟

....

2- ماذا فعل خليل عندما وصله الرد الأول من شركة (فيسبوك)؟

....

3- ماذا فعل مارك ميفرت عندما سمع بقصة خليل؟

....

4- لماذا اهتمت وسائل الإعلام بقصة خليل؟

....

5- في رأي خليل، كيف حصل على الخبرة في علوم الكومبيوتر، ونجح في عمله؟

....

Q157/ From the same text, decide whether the following sentences are true or false and correct the false ones.

1- بعد الجامعة عمل خليل في بلاد عربية مختلفة.

....

2- كتب خليل في صفحة مالك شركة (فيسبوك) ليقول للموظفين إنه كان على حق.

....

3- حصل خليل على 4000 دولار أمريكي من شركة (فيسبوك)، لأنه وجد ثغرة في نظام الموقع.

....

4- استخدم خليل جهازا (كمبيوتر) حديثا جدا، من خلاله وجد هذه المشكلة في شركة (فيسبوك).

....

5- بعد هذه المشكلة قررت شركة (فيسبوك) أن تغير نظامها للتواصل مع المشتركين.

....

Q158/ From the same text, choose the correct meaning of the following words or phrases.

1- تصميم

   A- preparation
   B- designing
   C- supplying

2- يخترق حساب

   A- to hack an account
   B- to search for an account
   C- to open an account

3- مقتنع

   A- to be happy
   B- to be convinced
   C- to be available

4- يثق بِ

   A- to authorise
   B- to request
   C- to trust

5- مخالفة

   A- breaching the rules
   B- following the rules
   C- refusing the rules

6- مكافأة

   A- award
   B- punishment
   C- job

7- نشر على مدونتة

   A- to delete from his blog
   B- to invite others to his blog
   C- to publish on his blog

8- ساهم

   A- to contribute
   B- to avoid
   C- to be interested

9- وسائل الإعلام

   A- humanitarian organisations
   B- media
   C- trade unions

10- قام بحملة

   A- to campaign
   B- to block
   C- to encourage

Q159/ Choose the correct sub-title below for each paragraph in the previous text.

1- كيف بدأت القصة

2- دراسة الكومبيوتر صعبة

3- القصة نجحت في بعض الأهداف

4- أصدقاء لا نعرفهم

5- لن أنسى جامعتي وأساتذتي

6- رد شجاع وقوي

7- هل هناك فرق بين العرب وغير العرب في شركة (فيسبوك)

8- مالك شركة (فيسبوك) رجل غني جدا

9- رد غير متوقع

10- العامل يصبح مهندسا

Q160/ From the same text (paragraphs), find the synonym of the following words or phrases.

1- رجع

P: A

2- الآن

P: A

3- أخبر

P: B

4- لم يقبل

P: D

4- استطاع

P: E

5- ناجح

P: G

Q161/ Fill in the gaps using the correct word from the list below.

(إجازات - عرفنا - نهاية - الأطعمة - شاطئ - خضراوات
التعرف - زرت - العيش - مناطق - أتمنى - معظم)

1- أحب .... في مدينة طوكيو، لكنها غالية جدا.

2- في الصيف يذهب الناس عادة إلى .... البحر.

3- الحمص والفلافل والكباب من .... العربية والشرقية.

4- السنة الماضية ذهبت إلى لندن و............ المتحف البريطاني.

5- يذهب الناس إلى الحفلات لِـ .... على أصدقاء جدد.

6- في كثير من البلاد هناك أسواق شعبية تفتح في .... الأسبوع.

7- من البداية .... أن ابن عمي سلمان لن يسافر إلى باريس.

8- في لندن هناك .... غالية جدا خاصة في غرب المدينة.

9- .... السفر إلى دول كثيرة في العالم.

10- تأكل أختي سلطة .... كل يوم.

11- يأخذ الطلاب عادة .... بعد الامتحانات.

12- في .... المدن الكبيرة هناك متاحف تاريخية جميلة.

Q162/ Write (100 words) about your favourite hobby, when / where you started, how often you practise and would you recommend this to your friends and why.

....

....

....

....

....

....

....

....

....

Q163/ Read the text and decide whether the following sentences are true or false and correct the false ones.

فريق أطفال الشوارع لكرة القدم

A

يمارس فريق من أطفال الشوارع المصريين لعبة كرة القدم في ملعب (الحبتور) لكرة القدم وملعب الجامعة الأمريكية في القاهرة بإشراف مجموعة من مدربي كرة القدم. وقد شارك الفريق في مسابقة كأس العالم لأطفال الشوارع بالبرازيل في شهر مارس سنة 2014. ويقول محمد أبو حسين، خريج الجامعة في سنة 2009، وأحد مدربي الفريق: هدفنا الأول هو إنقاذ هؤلاء الأطفال من حياة الشوارع وإعطاؤهم فرصة لممارسة لعبة يحبونها. وقد اكتشفت المنظمات غير الحكومية التي نعمل معها أن الأطفال المشاركين فضلوا البقاء معنا بعد أن بدأنا هذا المشروع. ونحن أيضا نريد أن نعطيهم الفرصة ليشعروا ببعض الاحترام وأننا جميعا معهم.

B

بدأت الفكرة عندما قرر كريم حسني، خريج الجامعة الأمريكية في القاهرة سنة 2005، ومحمد خضر، خريج نفس الجامعة سنة 2006، اللذان يدربان فريق الجامعة لكرة القدم للرجال منذ 2008، وقادا الفريق إلى الفوز بثلاث دورات متتالية، تكوين فريق لكرة القدم من أطفال الشوارع من المصريين بعد أن حضرا اجتماعا لحركة تنادي بإقامة مسابقة كأس العالم لأطفال الشوارع في لندن. ويوضح حسني: كنا نطمح دائما إلى فعل شيء مختلف عن لعبة كرة القدم، وعندما سمعنا عن إقامة مسابقة كأس العالم لأطفال الشوارع في صيف 2011، بدأنا نفكر في هذا المشروع.

C

التقى حسني في سنة 2012 مع ممثل لمسابقة كأس العالم لأطفال الشوارع والحركة العالمية لحماية أطفال الشوارع التي تأسست سنة 2010، ليعلم المزيد عن كيفية تكوين فريق من أطفال الشوارع. وعلمنا

أنه يجب أن يكون الأطفال عاشوا على الأقل سنتين في الشوارع وسنة في مكان الضيافة ليتمكنوا من اللعب ضمن الفريق. وبدأ حسني في التعاون مع عدد من المنظمات غير الحكومية مثل (مجتمع القرية الأمل وجمعية أنا المصري) ليجد لاعبين يمكن ضمهم إلى الفريق. وقد وجد حسني بعض اللاعبين مثل خالد، 14 سنة، الذي يعشق كرة القدم لكنه لم يجد الفرصة لممارسة هوايته المفضلة، لأنه بلا مأوى منذ أن كان في السابعة من عمره. ويقول أبو حسين أحد المدربين: لقد عانى أطفال الشوارع كثيرا، وهذا الفريق يمثل تحديا كبيرا لنا، فالمدربون كان عليهم أن يعالجوا بعض التصرفات والسلوكيات غير المعتادة، لكن باعتقادي لا يوجد عامل أقوى من لعبة كرة القدم الجماعية لتقويم السلوك.

D

يتدرب الفريق مرتين أسبوعيا في عدد من الملاعب في القاهرة، إلا أن حسني بدأ قبل أشهر في التعاون مع الجامعة الأمريكية ليتمكن الفريق من التدريب بملاعبها. ويقول حسني: كان أول تدريب لنا على أرض الجامعة يمثل إنجازا كبيرا، لأنه كان تغييرا عظيما، فالفريق كان يشعر بفرحة شديدة لوجوده في ملعب كبير يشبه إلى حد كبير الملاعب التي سيجدونها أثناء اللعب في البرازيل. أما بالنسبة لنا كمدربين للفريق فكنا نشعر بصداقة شديدة وأننا في بيوتنا. وقد تمكن الأطفال من مقابلة لاعب كرة القدم المشهور محمد أبو تريكة الذي انضم لأحد تدريبات الفريق في شهر يناير.

E

كان دور الجامعة واضحا ليس عن طريق توفير الملاعب المجهزة وفريق التدريب فحسب، بل أيضا عن طريق توفير متطوعين آخرين يعملون لخدمة الفريق وإنجاحه. فقد شاركت إنجي حسني ومَلَك العيوطي، اللتان تخرجتا من الجامعة في سنة 2013، في العمل ضمن فريق العلاقات العامة الخاص بدعم المبادرة. وقد قررت ملك العيوطي المشاركة لحبها الشديد للرياضة ومساعدة الأطفال. وبعد قضاء أربعة

شهور مع فريق العلاقات العامة، كانت مندهشة لحجم التأثير الذي ظهر على الأطفال. وتقول العيوطي: لقد تغيروا كثيرا خلال الأشهر القليلة الماضية، فقد أصبحوا أكثر انفتاحا على الناس، لأن الرياضة تعمل دائما على إزالة الكره والعادات السلبية.

F

لم يكن فريق العلاقات العامة قادرا على إحداث تغيير في رؤية اللاعبين لأنفسهم فحسب، بل كان قادرا أيضا على إحداث تغيير كبير في نظرة الناس لأطفال الشوارع. فالناس بدأوا في النظر إليهم على أنهم قادرون على فعل أشياء مدهشة وأنهم يستطيعون ببعض المساعدة فعل الكثير. فهم يملكون من الذكاء الفطري والمواهب ما يمكنهم من تحقيق أهدافهم، وإذا نجحنا في توظيف تلك المواهب بطريقة صحيحة، فإنهم بالتأكيد سيتمكنون من فعل الكثير من الأشياء المفيدة.

G

ويستعد الفريق المصري لمسابقة كأس العالم لأطفال الشوارع التي ستقام في البرازيل في خلال شهر من الآن، حيث لعب الفريق عددا من المباريات استعدادا للمشاركة في الحدث الأكبر، وهو كأس العالم لأطفال الشوارع. وتتعاون مصر استعدادا لبطولة كأس العالم لأطفال الشوارع مع مجموعات طلابية بالجامعة مثل (مجموعة التدريب من أجل الأمل)، كما ستقوم بالترتيب لدورة رياضية تُقام في حرم الجامعة بالقاهرة الجديدة في الأول من شهر مارس 2014.

H

وتأكيدا لأهمية منح تلك الفرصة لأطفال الشوارع، يقول حسني: لقد تقدم الفريق كله بشكل كبير، وتصلنا أخبار عظيمة من المنظمات غير الحكومية التي تهتم بالفريق عن مدى التحسن في سلوك الأطفال ومدى الثقة بالنفس التي بدأوا في الشعور بها. فإذا أعطيت أي شخص الثقة والأمل، فثق أنه قادر على فعل أي شيء.

adapted from www.aucegypt.edu/ar/news

1- كل طفل مصري يستطيع أن يشارك في الفريق، إذا كان من أطفال الشوارع.
....

2- الهدف من تكوين الفريق هو فقط إنقاذ الأطفال من حياة الشوارع وإعطاؤهم الفرصة للعب كرة القدم.
....

3- وجد حسني بعض اللاعبين لفريق كرة القدم مثل خالد بمساعدة المدرسة التي يدرس فيها.
....

4- تغير رأي الناس كثيرا في أطفال الشوارع بعد هذا المشروع.
....

5- بدأ محمد أبو تريكة اللعب في فريق أطفال الشوارع ثم أصبح مشهورا.
....

Q164/ From the same text, answer the following questions.

1- ما هو نجاح حسني ومحمد في الجامعة الأمريكية؟
....
2- متى قرر حسني ومحمد تكوين فريق كرة القدم لأطفال الشوارع؟
....
3- كيف كان شعور اللاعبين والمدربين لفريق أطفال الشوارع عندما بدأوا التدريب أول مرة في ملاعب الجامعة؟
....
4- هل ساعدت الجامعة فريق الأطفال لكرة القدم، وكيف؟
....
5- ما هي استعدادات الفريق المصري لمسابقة كأس العالم لأطفال الشوارع؟
....

Q165/ From the same text, choose the correct meaning of the following words.

1- دورات

A- seasons
B- courses
C- tournaments

2- ممثل

A- representative
B- agent
C- solicitor

3- مأوى

A- school
B- shelter
C- society

4- تقويم السلوك

A- behavior correction
B- health care
C- training development

5- دعم المبادرة

A- take advantage
B- project plan
C- initiative support

6- الذكاء الفطري

A- smart move
B- innate intelligence
C- smart ideas

Q166/ Use each of the following words to write a sentence.

1- دورات ....

2- ممثل ....

3- مأوى ....

4- تقويم السلوك ....

5- دعم المبادرة ....

Q167/ From the same text, match between each phrase from (A) with the correct part from (B) below to complete sentences.

B	A
- لم يكن عنده بيت أو مكان يسكن فيه. - قال له إن المشروع سيكلف كثيرا من المال. - في الصباح وفي المساء أيضا. - يومين في الأسبوع. - شراء ملعب خاص لهم في المدينة. - مات أبوه في حادث سيارة. - تغيير تصرفاتهم والتعامل مع الناس بطريقة أفضل. - عرف أكثر عن كيفية تكوين فريق من أطفال الشوارع. - كان لديهم المال الكافي. - استخدمت مواهبهم بطريقة صحيحة. - الحصول على وظائف كبيرة في المجتمع.	1- يتدرب فريق أطفال الشوارع ..... 2- حين التقى حسني مع ممثل لمسابقة كأس العالم لأطفال الشوارع لكرة القدم ..... 3- عندما كان خالد في السابعة من عمره ..... 4- بهذا المشروع تمكن أطفال الشوارع من ..... 5- هؤلاء الأطفال يمكنهم فعل الكثير إذا .....

Q168/ Choose the correct sub-title below for each paragraph of the same text.

1- رحلة البحث عن لاعبين وتحضيرهم للمشروع

2- مشاكل صحية للاعبي الفريق

3- دور النساء في هذا المشروع

4- التحضير لكأس العالم

5- من كان وراء هذا المشروع

6- نتائج سعيدة في التغيير

7- التغيير ليس في الملاعب فقط

8- الناس يشاهدون الفريق في التلفزيون

9- الهدف من المشروع

10- الخطوة الأولى وكيف كان الشعور أثناءها

Q169/ Write a letter (60 words) to people in charge of this project and express your opinion and give some suggestions to improve it.

السلام عليكم،

Q170/ Fill in the gaps using the correct word from the list below.

(المساعدة - نسحب - المتحف - حصل - بقية المعلومات - الزراعة - أستقبل - العودة - الخوف)

1- بعد الجامعة _____ صديقي على وظيفة جيدة في بنك.

2- تذكرة _____ هي تذكرة الرجوع من السفر.

3- أختي الصغيرة دائما تطلب مني _____ في دراستها.

4- زملائي في المدرسة يذهبون إلى _____ كل أسبوع.

5- أعمل يومي السبت والأحد وأدرس في _____ الأيام.

6- بعض الناس يشعرون بـ _____ أثناء السباحة في البحر.

7- ذهبت إلى المطار لِـ _____ أخي الذي وصل إلى لندن يوم السبت.

8- أبي أستاذ يعمل في كلية _____ في الجامعة.

9- يمكن أن _____ المال في أي وقت من البنك الآلي.

10- أهم وسائل الإعلام حاليا هي الإذاعة والتلفزيون والصحف والمجلات وشبكات _____.

Q171/ Translate the following sentences into English.

1- صديقتي تعمل في مكتب سفر في المطار الجديد.

2- أحب دراسة العلوم كثيرا، لأنها مفيدة وممتعة أيضا.

3- لا يمكنك السفر خارج البلاد بدون أن تحمل جواز السفر أو وثيقة معك.

4- يهتم الأمير تشارلز ولي العهد البريطاني كثيرا بالفن المعماري في القاهرة.

5- الدورات التدريبية تساعد الناس في الحصول على وظائف جيدة.

Q172/ Read the text and answer the following questions.

الاحتيال

الاحتيال هو محاولة الكذب على الآخرين من أجل الحصول على أموالهم أو تضليلهم. وهذه العادة السيئة للأسف موجودة في كل المجتمعات وفي كل الأوقات ويستخدمها الصغار والكبار على حد سواء.

وتبدأ عند الأطفال في بداية أعمارهم، حين يحاول الطفل الكذب على والديه ويدعي المرض من أجل التغيب عن المدرسة أو التخلص من كتابة دروسه وواجباته المدرسية. وإذا نجحت هذه المحاولة، وعادة ما تنجح، لأن الوالدين يصدقان الطفل ويثقان به، فإنه يكرر المحاولة مرة أخرى حتى تصبح عادة يمارسها متى ما يجد نفسه في وضع صعب لا ينجيه فيه إلا الكذب. فتراه يكذب مرة على أستاذه ومرة أخرى على زملائه في المدرسة أو أصدقائه في المنطقة التي يسكن فيها. أما الكبار فيمارسون الاحتيال بشكل أكبر ولأغراض أكثر، أهمها كسب المال من الناس الذين يخدعون بهم ويصدقون أكاذيبهم.

وهناك أساليب متنوعة للاحتيال، منها إظهار الفقر أمام الناس للحصول على بعض المال أو ادعاء عاهة أو مرض كالعمى أو العرج من أجل استعطاف الناس ومن ثم الحصول على مساعداتهم. ومع تطور العلوم والتكنولوجيا نلاحظ أن هذه الأساليب قد تطورت أيضا وأصبحت تمارس من أفراد أو مجموعات تشكل عصابات خطيرة لا تحاول سرقة أموال صغيرة لأفراد معينين فحسب، بل تحاول سرقة الملايين من البنوك

والشركات العالمية الكبرى كما نشاهد أو نقرأ كل يوم في التلفزيون والصحف وشبكات المعلومات ووسائل التواصل الأخرى.

ومن أجل الحد من انتشار هذه العادة السيئة في مجتمعاتنا يجب على الجميع أفرادا ومسؤولين العمل على الحد من هذه العادة. وذلك بعدم تشجيع المتسولين مهما كانت أسباب تسولهم على الاستمرار بالتسول بإعطائهم بعض النقود، وإجبارهم على البحث عن عمل مناسب يتفق مع إمكانياتهم ومؤهلاتهم، وإقناعهم بأن هذه الطريقة قد تنجح بعض الوقت ومع بعض الناس، لكنها لن تنجح دائما، ومن الأفضل لهم الحصول على عمل مفيد بدلا من التسول. كما يمكن أيضا تشجيعهم على الالتحاق بالدورات التدريبية التي توفر لهم الحصول على خبرات ومؤهلات تمكنهم من الحصول على عمل دائم وجيد لهم.

1- لماذا يحاول بعض الناس الاحتيال؟
....
2- هل ينجح الأطفال في محاولة الاحتيال الأولى عادة، ولماذا؟
....
3- ما أهم أساليب الاحتيال؟
....
4- كيف يمكننا التعرف على قصص الاحتيال؟
....
5- كيف يمكن أن نقلل من عادة الاحتيال؟
....

Q173/ From the same text, decide whether the following sentences are true or false and correct the false ones.

1- الاحتيال كان موجودا في بعض المجتمعات في الماضي. ....
2- الكبار يمارسون الاحتيال أقل من الصغار. ....
3- ادعاء المرض هو أحد أسباب الاحتيال. ....
4- العصابات الخطيرة لا تسرق الأفراد، لكن تسرق البنوك فقط. ....
5- الالتحاق بالدورات التدريبية من أسباب الحد من التسول. ....

Q174/ From the same text, match between each word below and its meaning in English.

to save	1- احتيال
purposes	2- يدّعي
cheating	3- يثق بِ
disability	4- يُنقِذ
qualifications	5- أغراض
training courses	6- عاهة
to trust	7- استعطاف
stopping	8- عِصابات
joining	9- الحدّ من
to beg	10- توسّل
enforce	11- إجبار
permanent	12- مؤهّلات
gangs	13- الِتحاق
entreaty	14- دورات تدريبية
to pretend	15- دائم

Q175/ Fill in the gaps using an appropriate preposition.

1- في المحاضرة تكلم الأستاذ _____ العلاقات الأمريكية-الأوربية.

2- بعت دراجتي _____ مئة جنيه وسأشتري دراجة جديدة.

3- تتكون بناية الكلية _____ ستة طوابق.

4- في الجامعة يتعرف الطلاب عادة _____ أصدقاء جدد.

5- التحق ابن خالي _____ الجيش قبل سنتين.

6- يجب _____ المريض أن يأخذ الدواء كاملا.

7- لم أفطر هذا الصباح، لذلك شعرت _____ الجوع مبكرا.

8- ينقسم الكتاب _____ ثلاثة أجزاء.

9- بحثت _____ الكتاب في المكتبة، لكني لم أجده.

10- تأخر القطار كثيرا _____ الوصول في موعده.

11- سمعت كثيرا _____ هذه القصة، لكني لم أقرأها بعد.

12- رحب المدير _____ كل الموظفين الجدد.

13- حصلت أختي _____ البكاليوريوس في العلوم السياسية.

14- يساعد الأطفال أمهاتهم _____ شغل البيت.

15- نحن جميعا نفضل كرة القدم _____ الكرة الطائرة.

16- الأستاذ يشجعنا دائما _____ التكلم بالعربية.

17- تأثر الأوربيون _____ الحضارة العربية في القرون الماضية.

18- استمتعنا كثيرا _____ مشاهدة هذا الفلم!

19- منذ الصغر كنت أحلم _____ ركوب الحصان.

20- من اللازم أن نستعد _____ الامتحانات من الآن.

Q176/ Read the text and decide whether the following sentences are true or false and correct the false ones.

اقرأوا النص وحدّدوا إذا كانت الجمل التالية صحيحة أم خاطئة، وصحّحوا الخاطئة منها.

ياسمينة خضرا

A

ياسمينة خضرا كاتب جزائري معروف في البلاد العربية وأوربا، واسمه الحقيقي محمد مولسهول. ولد في العاشر من يناير/كانون الثاني عام 1955 في منطقة (القنادسة) في ولاية (بشار) الجزائرية. كان والده ممرضا ووالدته بدوية لا تعرف القراءة والكتابة. في السنة التاسعة من عمره التحق ياسمينة خضرا بمدرسة عسكرية في الجزائر، وتخرج منها برتبة ملازم عام 1978 وانضم إلى الجيش الجزائري. ياسمينة خضرا هو اسم زوجة الكاتب، واختار الكاتب هذا الاسم (ياسمينة خضرا)، لأن عمله في الجيش كان يمنعه من الكتابة بحرية والتعبير عما يريد قوله دون خوف أو قلق. في عام 2000 وبعد 36 عاما من الخدمة العسكرية، يقرر ياسمينة خضرا ترك الحياة العسكرية والتركيز على الكتابة.

B

وفي العام التالي ينشر ياسمينة خضرا روايته (الكاتب) التي يكشف فيها عن هويته الحقيقية والأسباب التي جعلته يختار اسم امرأة في كل كتاباته، ويؤكد أن اختياره اسم امرأة له مدلول رمزي، فهو يرى أن المرأة الجزائرية خاصة، والمرأة العربية عموما، تمثل الأمل والمستقبل. وبعد ذلك نشر رواية (دجال الكلمات) ويشرح فيها حياته المهنية، وفيها ذكريات عن طفولته وشبابه، كما كشف الطريق التي سلكها حتى أصبح روائيا شهيرا. من المعروف أن أكثر روايات ياسمينة خضرا هي روايات بوليسية، ومن أشهرها (خطاف كابول)، حيث كان منذ الصغر شديد الإعجاب بالروايات البوليسية، وقد ساهمت الروايات العالمية الفرنسية والبريطانية التي كان يهديها له عمّه إدريس في ازدياد تعلّقه بالأدب. وقد وصلت شهرة ياسمينة خضرا إلى العالمية، حيث تترجم كتبه وتباع في 25 بلدا حول العالم. وأكد أنه تأثّر في كتاباته أولا بأمه البدوية التي قال

عنها: إنها كانت متمكنة في رواية الحكايات بأسلوب شيق ورائع، على الرغم من أنها كانت لا تعرف القراءة والكتابة.

C

يتمتع ياسمينة خضرا بشهرة واسعة في فرنسا وأوروبا والدول الناطقة باللغة الفرنسية، حيث وصلت رواياته إلى قائمة الكتب الأكثر مبيعا في فرنسا، وقد ترجمت رواياته إلى عدد كبير من اللغات في القارات الخمس. وقد سئل في أحد اللقاءات عن سبب اختياره الكتابة باللغة الفرنسية في كل كتاباته، ولم يكتب أبدا باللغة العربية وهي لغته الأم، فأجاب: يعود ذلك إلى الفترة التي كنت فيها تلميذا في المدرسة الابتدائية، حيث كتبت قصة باللغتين العربية والفرنسية وعرضتها على مدرسَي اللغة العربية واللغة الفرنسية، فوجدت تشجيعا كبيرا من أستاذ اللغة الفرنسية، ولم أجِد تشجيعا من أستاذ اللغة العربية، فواصلت الكتابة باللغة الفرنسية وبعد النجاح الأول قررت الاستمرار بالكتابة باللغة الفرنسية. ورغم أنه كتب كل رواياته باللغة الفرنسية، يقول: إن أكبر شرف له هو اعتراف الأدباء والمفكرين الذين التقى بهم في العالم والذين يقدّرون رواياته ككاتب عربي.

D

هو ابن الصحراء، لكنه نشأ في مدينة وهران بغرب الجزائر وبها تغنى وكتب لها كتابين، أحدهما يحمل عنوان (فضل الليل على النهار) وهو الكتاب الذي نال شهرة واسعة في العالم وبيعت منه مليون نسخة في فرنسا وحدها. يصف الكاتب الجزائري مدينة وهران بأنها مدينة تحب الجمال وأم غاضبة من أولادها، لأنهم لم يعرفوا كيف يتغنون بها.

E

نال ياسمينة خضرا شهرة واسعة وإعجابا كبيرا من الكتّاب والقرّاء، وقد وصفه الصحفي والمفكر الجزائري الكبير محمد شفيق مصباح بأنه مبدع وفنان، ويمثل للجزائريين اليوم الكاتب العبقري والرجل المخلص لقضايانا الوطنية والعربية والإسلامية في الغرب، لأنه استطاع أن يعبر عما يرغب الناس في قوله للآخرين، ويبين للقراء في الغرب بأن المسلمين والعرب ليسوا أصحاب عنف بالطبيعة، وأن العدوان عليهم وعلى حقوقهم هو سبب غضبهم وعنفهم، وأنهم ليسوا على الصورة التي يعرفها العالم عنهم.

F

قام مخرجون في السينما الأمريكية بتحويل عدد من روايات ياسمينة خضرا إلى أفلام سينمائية، منها روايته (خطاف كابول)، وعرف هذا الفلم نجاحا عظيما في الولايات المتحدة وكندا وسجل رقما قياسيا في مبيعاته. وتتسارع دور النشر العالمية لترجمة آخر إصدارات الروائي الجزائري ياسمينة خضرا الذي لا يعرف عنه القارئ العربي الكثير، رغم الترجمات الكثيرة والأفلام السينمائية المأخوذة عن رواياته التي تحقق أعلى المبيعات. ولأنه كاتب ناجح؛ فإن شائعات كثيرة لحقته؛ حيث لامه البعض لقوله: إني معروف في العالم أكثر من الجزائر، ولكنه رفض هذا الكلام مؤكدا أنه يتعرض لحملة من بعض الجزائريين في فرنسا.

G

يرى الأديب الجزائري أن كتابته باللغة الفرنسية سمحت له بالانتشار حول العالم، لكنه يقول: إنه لا يكتب مثل الفرنسيين وإنما يكتب بروح الجزائري والعربي، ولذلك تلقى رواياته قبولا من الفرنسيين وغيرهم في الغرب. وعن الرواية العربية، يعتقد خضرا أنها ما زالت في بداية طريقها على عكس الشعر العربي، حيث إن أكبر شعراء الإنسانية هم من العرب، ويتأسف لكون أدباء عرب مثل طه حسين الذي يعتبره من كبار الأدباء في العالم، غير معروفين في الغرب، وذلك لعدم اهتمام العرب بترجمة روايات هؤلاء.

H

يستقر ياسمينة خضرا حاليا في فرنسا مع أسرته منذ سنة 2001، ويتولى منصب مدير المركز الثقافي الجزائري الفرنسي في باريس. وقد منحته الأكاديمية الفرنسية جائزة (هنري غال) للآداب التي تبلغ قيمتها المالية أربعين ألف يورو لتضاف إلى جوائزه الأخرى، ومنها جائزة الفكر والأدب في الكويت لمشاركته في التعريف بصورة مشرقة في أدبه عن العالم العربي.

adapted from

www.sayidaty.net/node

1- درس ياسمينة خضرا الأدب الفرنسي في جامعة السوربون.

2- اختار الكاتب اسم زوجته، لأنه كان يحبها كثيرا.

3- اشتهر الكاتب بالروايات العاطفية والاجتماعية.

4- بعض الجزائريين لا يحبون الكاتب ياسمينة خضرا.

5- أخيرا عاد الكاتب إلى وطنه الجزائر ليكون مع أقاربه وأصدقائه.

Q177/ From the same text, answer the following questions.

أجيبوا على الأسئلة التالية من النص السابق.

1- لماذا كتب ياسمينة خضرا كل رواياته باللغة الفرنسية؟

2- بمن تأثر الكاتب أولا، ولماذا؟

3- ماذا قال المفكر محمد شفيق مصباح عن ياسمينة خضرا، ولماذا؟

4- ما هو تأثير الكاتب في السينما، وكيف؟

5- ما آخر الجوائز التي حصل عليها الكاتب، وكم تبلغ قيمتها؟

Q178/ From the same text, choose the correct meaning of the following words or phrases.

من النص السابق اختاروا المعنى الصحيح للكلمات أو العبارات التالية.

1- التركيز

A- to focus on
B- to depend on
C- to live on

2- مدلول رمزي

A- contractive meaning
B- similar meaning
C- symbolic meaning

3- سلكها

A- to avoid it
B- to produce it
C- to follow it

4- العبقري

A- genius
B- generous
C- strong

5- عنف

A- poverty
B- education
C- violence

6- رقم قياسي

A- record
B- rate
C- percentage

7- رغم

A- however
B- despite
C- except

8- شائعات

A- rumours
B- stories
C- poems

9- لام

A- to praise
B- to describe
C- to blame

10- منحته

A- to offer him
B- to appoint him
C- to inspire him

Q179/ From the same text, match between each phrase from (A) with the correct part from (B) below to complete sentences.

من النص السابق صلوا بين كل عبارة من المجموعة (أ) والعبارة الصحيحة من المجموعة (ب) لإكمال الجمل.

B	A
- لأنه ضابط كبير في الجيش الجزائري وعمل مع القوات الفرنسية. - حيث تحصل رواياته على المقدمة في قائمة الكتب التي تباع في فرنسا. - الاسم الحقيقي للكاتب ولماذا اختار الاسم الثاني. - لأن أعمالهم لم تترجم إلى لغات أخرى. - التوضيح للغرب بأن المسلمين والعرب ليسوا أصحاب عنف بالطبيعة. - تشرح مسيرة الكاتب المهنية وفيها حكايات عن طفولته وشبابه وكيف أصبح مشهورا. - أنه يستحق منصب مدير المركز الجزائري الفرنسي في باريس. - رغم الترجمات الكثيرة والأفلام السينمائية المأخوذة عن رواياته التي تحقق أعلى المبيعات. - لأنهم رفضوا ترجمة كتبهم إلى أية لغة.	1- رواية (الكاتب) تتحدث عن ... 2- يتمتع ياسمينة خضرا بشهرة واسعة في أوروبا ... 3- القارئ العربي يعرف القليل عن ياسمينة خضرا ... 4- استطاع الكاتب في رأي بعض المفكرين ... 5- الأدباء العرب غير مشهورين في الغرب ...

Q180/ Choose the correct sub-title below for each paragraph of the same text.

اختاروا العنوان المناسب من العناوين التالية لكل فقرة في النص السابق.

1- كاتب عربي ولغة غير عربية

2- رأي الكاتب في الأعمال الأدبية العربية

3- أعمال الكاتب .. كيف بدأت... وأين وصلت

4- زوجة الشاعر وتأثيرها على كتاباته

5- تغيير الصورة عن العرب

6- نتائج العمل الشاقّ والصبر الطويل

7- حب الكاتب لوطنه الأصلي

8- أعمال الكاتب ليست في الكتب وحدها

9- تكريم الحكومة الجزائرية للكاتب

10- ملخص عن حياة الكاتب

Q181/ The Algerian President Bouteflika has issued a decree to exempt Yasmina Khadra as a director of the Algerian - French Centre for Culture, according to an Algerian official newspaper. Write a letter (60 words) to this newspaper to express your opinion about this decree.

السلام عليكم،

Q182/ Fill in the gaps using an appropriate word.

املأوا الفراغات التالية بكلمة مناسبة.

1- تونس _____ تونس.

2- أحب القهوة، لكن _____ الشاي.

3- ابن عمي يعمل في هذا المصنع _____ سنة 2010.

4- _____ المفضلة هي كرة القدم.

5- أزور جدي وجدتي عادة _____ كل شهر.

6- تأجلت الحفلة _____ الجو المثلج.

7- تفتح مكتبة الجامعة _____ الأسبوع.

8- _____ هذا الكتاب، من فضلك!

9- مصر _____ بالأهرامات والآثار الفرعونية في مدينة أسوان.

10- _____ الفستان الجديد في الحفلة يوم السبت القادم.

11- ذهبت إلى المستشفى صباحا بعد أن _____ بألم شديد في بطني.

12- _____ ابن عمي بالجيش بعد الجامعة.

Q183/ Translate the following sentences into English.

ترجموا الجمل التالية إلى الإنجليزية.

1- قلت نسبة المدخنين في بريطانيا بعد تطبيق قانون منع التدخين في الأماكن العامة.

....

2- معظم السياح يحترمون التقاليد والعادات في البلاد التي يزورونها.

....

3- بعد الاجتماع وضع الوزراء خطة جديدة للعمل في المستقبل.

....

4- كثير من طلاب الجامعات يتكلمون أكثر من لغة أجنبية.

....

5- بعد الحصول على البكالوريوس قررت أختي العمل في منظمة لحقوق الإنسان.

....

Q184/ Read the text and decide whether the following sentences are true or false and correct the false ones.

اقرأوا النص وحددوا إذا كانت الجمل التالية صحيحة أم خاطئة، وصححوا الخاطئة منها.

البيوت اليمنية القديمة

A

من المعروف أن اليمن بلد الحضارات القديمة، وهو مشهور ببيوته القديمة والنوافذ (الشبابيك) المزخرفة في تلك البيوت التي بنيت منذ مئات السنين. وهو لذلك يعتبر من أقدم بلاد العالم التي لديها بنايات عالية، حيث وصل بعضها إلى عشرين طابقا تقريبا مثل قصر (غمدان) الذي بني في القرن الأول الميلادي كما تذكر كتب التاريخ. وقد نحت اليمنيون كل شيء بطريقة فنية بديعة على البيوت والأبواب والنوافذ في المدن والقرى والجبال والوديان. فأينما تنقل المسافر في اليمن، رأى تلك الزخارف والنقوش في الأبنية والشوارع والأسواق القديمة، وتبين له جمال الإبداع الإنساني في العالم القديم. وتبدو القرى المتفرقة على الجبال والتلال في الليل كمصابيح معلقة في السماء.

B

تميزت البيوت اليمنية باعتمادها في بنائها على الطين كمادة أساسية في بنائها ليكون البناء قويا، ولأنه يمكنه أن يحفظ الحرارة لوقت أطول. أما لون البناء فيعتمد على المركبات التي يتكون منها الطين، ولذلك نراه بين اللون الأبيض الفاتح واللون البني الغامق. ويتراوح وزن الطين بين 1400 – 1800 غرام في المتر المربع. وبعض البيوت مبنية من الحجر أو الجبس أو غيرهما.

C

تعتبر مدينة صنعاء القديمة إحدى أكثر عواصم العالم تميزا في فن العمارة، حيث تضم سلسلة متلاصقة من البيوت والمعالم القديمة تصل إلى 14000 بيت أثري، وأي زائر لهذه المدينة يمكنه أن يرى تلك التحفة

الجميلة ويستمتع بالتناسق العجيب بين الأشكال المختلفة لهذه البنايات. وقد اهتمت المنظمات الدولية للتراث مثل (اليونسكو) بصنعاء القديمة واعتبرتها (محمية دولية) وأحد أهم خمسة وعشرين معلما أثريا في العالم، وشكلت لجنة دولية للحفاظ عليها. كما أصدرت الحكومة اليمنية قانونا يمنع تغيير شكل المدينة أو بناء أبنية حديثة مختلفة الشكل فيها.

D

تتميز هذه البيوت بأبوابها ونوافذها الجميلة المختلفة في الحجم والمواد المصنوعة منها، ففي المدن يكون الباب عادة واسعا ومرتفعا. أما النوافذ فيختلف تصميمها في البناية نفسها وتكون عادة للتهوية. وتتميز البيوت اليمنية أيضا بالقمرية، وهي شكل مقوس في أعلى النافذة ويرجع تاريخ بنائها إلى أكثر من 4000 سنة في عصر ملوك سبأ، كما يقول الباحث والمهندس المعماري البريطاني تيم سميث في دراسته عن بيوت صنعاء القديمة. والقمريات اليوم تصنع كما في الماضي من الجبس بأشكال مختلفة، ويضاف إليها الزجاج الملون. ويقول محمد شوعي الذي يعمل في صناعة القمريات: منذ كنت صغيرا لم أجد بيتا في صنعاء بلا قمرية، وحتى في البيوت الحديثة يفضل أصحابها دائما أن تكون فيها قمرية. وهناك أنواع من القمريات، بعضها غالية الثمن وتكلف كثيرا، لأن صناعتها تأخذ وقتا طويلا، وتبنى عادة في غرفة الضيوف.

E

تتكون المنازل في صنعاء من خمسة إلى تسعة طوابق، ويرجع عمر معظمها إلى ما بين 600 – 800 سنة تقريبا. وتقول دراسة إحصائية في سنة 2008 إن عدد المنازل القديمة في صنعاء حوالي 8000 منزل تتوزع في أربعين منطقة، ويسكن في هذه المنازل حوالي 90000 نسمة. وتظهر في هذه المنازل أشكال من فن العمارة التي يرجع تاريخها إلى ما قبل الإسلام، ثم أخذت كثيرا من الصفات والآثار الإسلامية لاحقا. وتتشابه منازل المدينة كثيرا، لكن أبرز ما يميزها من الخارج هو النقوش البيضاء التي تزين المبنى من جميع جوانبه بمادة الجبس،

والنوافذ الخشبية التي تعلوها نصف دائرة من الجبس والزجاج الملون، وكذلك استخدام الحجر في بناء الطابقين الأول والثاني منها. أما الطوابق العليا فهي مبنية من (الطوب)، ويستخدم الخشب في بناء السقوف والأرضيات.

F

تقسم طوابق المنزل اليمني حسب الوظيفة التي يقوم بها، فالطابق الأرضي كان يستخدم لتربية الحيوانات والمواشي في الماضي، وحاليا يستخدم كمطبخ لإعداد الطعام ومخزن لحفظ المواد الغذائية. وفي الطابق الأول غرفة كبيرة تسمى (الديوان)، وتكون مخصصة للمناسبات والحفلات الهامة كالزواج والأعياد. أما الطابق الثالث فيكون عادة للنساء والأطفال، حيث تقضي النساء بقية النهار فيه بعد الانتهاء من شغل البيت وتجتمع أحيانا مع نساء الجيران. وبقية الطوابق تكون عادة مخصصة للرجال، ففي الطابق الأعلى للمنزل غرفة تسمى (المفرق)، وهي مخصصة لاستراحة الرجال وتناول نبات (القات) المعروف في اليمن والذي يتناوله الرجال في مجالسهم واجتماعاتهم. وعادة تكون النوافذ في غرفة (المفرق) واسعة وعالية لكي يستمتع الجالسون فيها بمناظر الحدائق الجميلة والأشجار العالية التي تحيط بالمنزل.

G

ويأخذ المنزل عادة وقتا طويلا في البناء، حيث يبنى كل طابق ويترك مفتوحا من الأعلى لمدة سنة كاملة لكي تدخله أشعة الشمس والهواء فيصبح قويا وصلبا ثم يبنى الطابق الثاني والثالث وبقية الطوابق بنفس الطريقة حتى يكتمل البيت. وعادة تبدأ العائلة الصغيرة ببناء الطوابق الضرورية في البيت، وعندما يكبر الأولاد ويقررون الزواج تبدأ ببناء طابق جديد للابن الذي سيتزوج قريبا. وبهذا يعيش أفراد العائلة كلهم من الآباء والأبناء والأحفاد سوية ويقضون معظم حياتهم في نفس البيت.

adapted from www.arabnet5.com/news.

1- معظم البيوت اليمنية القديمة مبنية من الجبس.

....

2- في المدن اليمنية عادة يكون باب البيت كبيرا.

....

3- يستخدم الطابق الأرضي في البيوت اليمنية حاليا لتربية الحيوانات.

....

4- يتناول الرجال القات عادة في غرفة (الديوان).

....

5- يترك كل طابق مفتوحا حتى السنة التالية، لأن صاحب البيت ليس لديه مال كافٍ لبناء طابق آخر.

....

Q185/ From the same text, answer the following questions.

من النص السابق أجيبوا على الأسئلة التالية.

1- لماذا استخدم اليمنيون الطين في بناء البيوت؟

....

2- من الذي يهتم حاليا في البيوت اليمنية القديمة؟

....

3- متى بدأ اليمنيون بناء (القمرية)، وفي أي مكان من البيت تكون القمرية الأعلى؟

....

4- بماذا تتميز البيوت القديمة في صنعاء؟

....

5- أين تكون غرفة (المفرق)، ولماذا تستخدم؟

....

Q186/ From the same text, choose the correct meaning of the following words.

من النص السابق اختاروا المعنى الصحيح للكلمات التالية.

1- المزخرفة

A- collected
B- decorated
C- assorted

2- نحت

A- to carve
B- to paint
C- to cut

3- الطين

A- clay
B- wood
C- aluminum

4- المركبات

A- objects
B- materials
C- compounds

5- فن العمارة

A- sculpture
B- architecture
C- fashion

6- محمية دولية

A- global organization
B- local society
C- international protectoral

Q187/ From the same text (paragraphs), find the synonym of the following words or phrases.

من النص السابق اختاروا المعنى المشابه للكلمات أو العبارات التالية.

1- زار عددا من الأماكن

P: A

2- لا يسمح

P: C

3- وقت طويل

P: D

4- يكون نفس الشيء أو مثله

P: E

5- يقضي وقتا جميلا

P: F

Q188/ Choose the correct sub-title below for each paragraph of the same text.

اختاروا العنوان المناسب من العناوين التالية لكل فقرة في النص السابق.

1- البيوت اليمنية القديمة لم تتغير في شكلها وجمالها

2- الأجداد يتحدثون عن بيوت اليمن

3- اليمن بلد الحضارات منذ القدم

4- كيف بنى اليمنيون بيوتهم القديمة

5- أجيال في نفس البيت

6- خطر الأمطار على البيوت اليمنية القديمة

7- مسؤولية العالم عن البيوت اليمنية القديمة

8- لكل مكان وظيفة في البيت

9- الأثاث المستخدم في البيوت اليمنية القديمة

10- صورة عن مكونات البيوت اليمنية

Q189/ You are going on holiday to Yemen, so write (60 words) about whether you prefer to stay in a traditional Yemeni house or hotel and why. Write three positive and negative points of living in the traditional Yemeni houses.

. ---

Q190/ Fill in the gaps using an appropriate word.

املأوا الفراغات التالية بكلمة مناسبة.

1- كتبت _____ اليوم صباحا، لكني _____ في البيت.
2- _____ إلى الموسيقى العربية، و _____ الموسيقى اللبنانية.
3- نهر النيل _____ من الجنوب إلى الشمال، و _____ في البحر المتوسط.
4- _____ عن المحاضرة، ومن _____ أن نذهب إليها الآن.
5- _____ الشمس اليوم الساعة 6:33، و _____ الساعة 7:12.
6- _____ من اللغة العربية إلى الإنجليزية صعبة، لأن اللغتين _____.
7- _____ أخي قبل سنتين، و _____ الآن في مراكش مع زوجته وابنه.
8- أخيرا _____ في كل الامتحانات، ويمكنني أن _____ بعطلة الصيف.
9- طلبت من صديقي _____ في الواجب، لكنه لم _____، لأنه كان مشغولا.
10- التدخين _____ في المطاعم والمقاهي في بريطانيا _____ القانون الجديد.

Q191/ Use the verbal noun (masder) to rewrite these sentences.

أعيدوا كتابة الجمل التالية باستخدام المصدر.

1- تعلمت لغتين ولكني لا أستطيع أن أتكلم بهما جيدا.
....
2- طلبت الكلية مني أن أدرّس الرياضيات.
....
3- حاولت أن أقابل أستاذي اليوم صباحا، لكنه لم يكن في مكتبه.
....
4- ذهب المريض إلى المستشفى وكان عليه أن ينتظر طويلا.
....
5- علينا أن نستعد جيدا قبل الامتحانات.
....
6- أريد أن أشتري هدية لصديقي، ولكن لا أعرف ماذا أشتري له!
....
7- لدينا حفلة كبيرة يوم الجمعة وأتمنى أن يستمتع الجميع بها.
....
8- يفضل بعض الطلاب أن يستمعوا إلى المحاضرة مسجلة بعد الدرس.
....
9- ساعدت الإعلانات الكثيرة هذا الفلم على أن ينتشر حول العالم.
....
10- لا يمكنني أن أخرج مع أصدقائي الليلة قبل أن أنتهي من واجباتي.
....

Q192/ Read the text and answer the following questions.

اقرأوا النص ثم أجيبوا على الأسئلة التالية.

مدينة (الصرفند) وصناعة الزجاج منذ أيام الفينيقيين

A

لم يبق من صناعة الزجاج في لبنان إلا الذكريات الجميلة وعائلة خليفة في مدينة (الصرفند) التي ما زالت تحافظ عليها. فرغم ركود المنتوجات حينا والخسائر المادية أحيانا، تعمل هذه العائلة على بقايا الزجاج الملون أو الشفاف بعد تذويبه لتحوله الى أشكال مختلفة من الأباريق والكؤوس والأكواب والزهريات الزجاجية بألوان زاهية تخطف الأبصار لتؤكد أن هذه المهنة باقية كتراث دائم. عرفت بلدة الصرفند صناعة الزجاج منذ أيام الفينيقيين، فأهالي البلدة تعلموا سر المهنة من المصريين الذين تفننوا في تطوير أشكالها قبل أن ينقلها عنهم الفينيقيون ويمارسونها في مدينتي صيدا وصور. كما انتشرت هذه الصناعة في منطقة البداوي في الشمال أيضا، لكن غياب التشجيع جعل معمل البداوي يغلق، بينما يبقى معمل الصرفند الوحيد في لبنان حتى يومنا هذا.

B

توارثت عائلة خليفة هذه المهنة من حسين خليفة وأشقائه عن أبيهم محمود وعن جدهم عباس وقاموا بتطويرها. وتتطلب هذه الصناعة مهارات تدريبية وتحمل للعمل أمام الفرن الذي تصل حرارته الى 1400 درجة مئوية، إضافة إلى روح الإبداع والفن. اليوم مصنع الصرفند يعيد تدوير الزجاج الملون أو الشفاف المجموع من القوارير الزجاجية على أنواعها من مخلفات المطاعم والزجاج المحطم، ويذوبه على درجة حرارية لا تقل عن 1400، ليصبح سائلا جاهزا للتصنيع بواسطة النفخ بأنبوب من الحديد الفولاذ. وبعدما يلوح في الهواء ويدخل إلى الفرن ويخرج عدة مرات لتشكيله، يدخل إلى (المشوى) حيث تبدأ عملية التبريد من حرارة 500 درجة إلى 100 تقريبا لمدة أربع ساعات ليصبح بعدها زجاجا نقيا جاهزا للعرض.

C

تؤكد نسرين خليفة أن المهنة التي ورثناها منذ عقود طويلة عن الأجداد الأوائل الى الآباء، يعمل فيها معظم أفراد العائلة، والدي وشقيقي وعمي وأولاده من أجل الحفاظ عليها. وتضيف هي مهنة الرجال لا النساء، لأنها تحتاج الى قوة وصبر لتحمل شدة حرارة الفرن، فضلا عن الدقة والإتقان، وتعلمها يتطلب وقتا طويلا، أي أنها تحتاج الى فريق عمل متكامل لا يستطيع فرد القيام بها وحيدا. ويعمل هنا أكثر من عشرة أشخاص، ونوزع العمل بيننا كي ننتج هذه التحف الزجاجية الرائعة. ففي المهنة إرهاق وتعب خصوصا وقت تشكيل الزجاج، إذ يضطر العامل أن يجلس قرب الفرن لساعات أمام حرارة تصل الى 1400 درجة مئوية، وهذا أمر في غاية الصعوبة.

D

وتؤكد نسرين أيضا أن تكلفة الصناعة اليومية إذا شغلنا الفرن، لا تقل عن مئتي دولار أميركي، منها 120 دولارا للغاز، ويحتاج الفرن إلى مناوبة ستة عاملين على مدى الساعات الأربع والعشرين عندما يشغل الفرن. في السابق كنا نشتغل ثلاثة أشهر حتى نرتاح شهرا، واليوم أصبحنا نشتغل ثلاثة أشهر في العام فقط. وعندما نشغل الفرن لا يمكن أن نوقفه قبل تصنيع الكمية المقررة، فهو يحتاج إلى نحو ستة وثلاثين ساعة حتى يبدأ بالتذويب والتحضير للتصنيع من أجل أن يعطي النتيجة المطلوبة. وإذا توقف ساعة واحدة يحتاج إلى ست ساعات من التشغيل حتى يستعيد حرارته المطلوبة للتذويب.

E

تحتاج مهنة الزجاج الى أدوات كثيرة مثل إسطوانات الأوكسجين وأنابيب الغاز وجهاز ضغط الهواء ومشعل للنار يستخدم لصهر الزجاج، إضافة إلى الأدوات الحديدية اللازمة للتشكيل والتي تختلف بأنواعها وأحجامها ومجموعة من الأدوات النحاسية التي تستعمل لصب الزجاج عند انصهاره، والملاقط للتحكم بالقطع أثناء التشكيل وقسطل النفخ. وما يميز هذه القطع هو ألوانها الشفافة المتعددة من الشفاف الأبيض المتقن إلى الأحمر والأصفر والأزرق والأخضر والعسلي، ومشتقات هذه الألوان التي يجلب أصحاب المعمل صبغتها الأصلية من ألمانيا.

F

توضح نسرين أن أشكال الزجاج كثيرة، وهي تعتمد على الفن والإبداع، وكل يوم هناك تصاميم جديدة تناسب جميع الأذواق. أنا استلم طلبيات الزبائن وأجمعها، وعندما تكثر يقوم عمال الفرن بتصنيعها. وكثير من الزبائن يحضرون التصاميم معهم من الصحف أو المجلات، إذ يقصدنا مهندسون للديكور وأصحاب الحفلات والأعراس والمطاعم والفنادق، ولكل منهم تصاميم مبتكرة وخاصة به. وتتراوح الأسعار ما بين أربعة دولارات وخمسمئة دولار حسب الطلب والنوع والحجم.

G

وتضيف نسرين خليفة أننا شاركنا في كثير من المعارض داخل لبنان وخارجه، ومنها معرضان في فرنسا: هما معرض العالم العربي عام 1999 ومعرض مونبليه عام 2001، ومعارض أخرى في دبي وألمانيا. أما داخل لبنان فكانت مشاركتنا في معرض (دوق مكايل) في السوق القديم وفي مركز سيتي مول. إلا أنها تعترف أن عملية تصريف الإنتاج تعتمد بالدرجة الأولى على العامل نفسه بالقرب من الفرن الذي يتم فيه عرض المصنوعات. وقد بات المصنع مقصدا للكثير ممن يرغبون في اقتناء الصناعات الزجاجية اليدوية الأصيلة بعيدا عن منتوجات الآلات والماكينات الهندية والصينية التي تنكسر سريعا.

H

في السبعينيات كان مصنع (الصرفند) اليدوي يشغل نحو أربعين عاملا، بعضهم من مصر وسوريا وبلاد عربية أخرى. أما اليوم فالباقون هم ستة عمال من عائلة خليفة وحدها، قبل هجرة اثنين منهم إلى أستراليا وإفريقيا ويعاونهم عدد من الأقارب. وفي أيام العطل وهي كثيرة، ينصرف عمال هذه المهنة إلى العمل في التجارة أو الصيد في البحر القريب.

adapted from
www.sadasaida.com/news

1- متى عرفت بلدة (الصرفند) صناعة الزجاج؟
....

2- كيف يحصل المعمل على الزجاج؟
....

3- ماذا يحصل في (المشوى)؟
....

4- لماذا تظن نسرين أن هذه المهنة (عمل الزجاج) هي مهنة الرجال؟
....

5- لماذا يجب على الفرن أن لا يتوقف حتى يكمل الكمية المطلوبة؟
....

6- ما هو عمل نسرين في هذا المصنع؟
....

Q193/ From the same text, decide whether the following sentences are true or false and correct the false ones.

من النص السابق حددوا إذا كانت الجمل التالية صحيحة أم خاطئة، وصححوا الخاطئة منها.

1- أغلق معمل (البداوي) لصناعة الزجاج، لأن صاحب المعمل مات.
....

2- مهنة صناعة الزجاج صعبة، لأن العامل يجب أن يجلس بجانب الفرن لساعات طويلة ولأنها تحتاج لوقت طويل للتعلم.
....

3- الفرن في المصنع يعمل في الصباح فقط.
....

4- تستخدم الملاقط لصهر الزجاج.
....

5- يشتري السياح عادة الصناعات الزجاجية الهندية أو الصينية، لأنها رخيصة.
....

6- يذهب عمال المصنع لصيد السمك في نهاية الأسبوع.
....

Q194/ Choose the correct sub-title below for each paragraph of the same text.

اختاروا العنوان المناسب من العناوين التالية لكل فقرة في النص السابق.

1- التعريف بصناعة الزجاج وتاريخها في لبنان

2- حال مصنع الزجاج بين الماضي والحاضر

3- المشاكل والصعوبات التي تواجه هذه الصناعة

4- الطريقة التي يصنع فيها الزجاج

5- أسباب نجاح المصنع في لبنان وفي الخارج

6- نشاطات العائلة في الداخل والخارج للحفاظ على المصنع

7- البرامج التلفزيونية التي تتحدث عن هذا المصنع

8- متطلبات العمل في صناعة الزجاج

9- المهتمون والراغبون في صناعة الزجاج

10- القطع التي يتكون منها مصنع الزجاج

Q195/ Write a letter (60 words) to Khalifa's family and express your opinion whether they should close this factory or keep it and why and how to support them with some help or suggestions.

السلام عليكم،

Q196/ Fill in the gaps using an appropriate preposition.

املأوا الفراغات التالية بحرف جرّ مناسب.

1- بعد شهور من السفر، عدنا أخيرا _____ الوطن.

2- أخبرونا _____ حفلة التخرّج، كيف كانت؟

3- تعتمد دول الخليج العربي في اقتصادها _____ النفط كثيرا.

4- يستخدم الزيتون _____ صناعة الصابون.

5- يشتاق المسافر كثيرا _____ وطنه وأهله بعد السفر الطويل.

6- سنحتفل جميعا _____ عيد الميلاد في بيتي.

7- هذا الفلم مأخوذ _____ قصة قديمة مشهورة.

8- توصل الحزبان _____ حل للمشاكل السياسية بينهما.

9- اتفق الطلاب _____ المشاركة في الحفلة القادمة.

10- يمنع الناس _____ التدخين في الأماكن العامة.

11- تتميز مدينة عمان _____ أحيائها المرتفعة.

12- هذا الكتاب يحتوي _____ كثير من القصص الواقعية.

13- أوصيكم جميعا _____ مشاهدة هذا الفلم الممتع.

14- السنة الماضية تركنا بيتنا القديم وانتقلنا _____ بيت آخر.

15- يتدرب الأطفال _____ المشي في السنة الثانية من أعمارهم.

16- تتنافس الشركات الكبرى _____ الإنتاج الأفضل.

17- وصلتني رسالة من صديق قديم، وأتطلع _____ زيارته قريبا.

18- يختلف الطعام الهندي كثيرا _____ الطعام الإسباني _____ التوابل الكثيرة والمتعددة.

19- يدافع الجنود _____ البلاد _____ الأعداء.

20- يتعامل الطبيب _____ المرضى _____ عناية واحترام.

Q197/ Read the text and answer the following questions.

اقرأوا النص وأجيبوا على الأسئلة التالية.

فاروق الباز

A

فاروق الباز عالم مصري ولد في الأول من شهر يناير عام 1938 في مدينة (السمبلاوين) في مصر. كان حلمه أن يدرس الطب، لكنه لم يحصل على التقدير الذي يؤهله لدراسة الطب، فالتحق بكلية العلوم في جامعة (عين شمس). وحين سأل عن الفروع التي تدرس في هذه الكلية، كان قسم الجيولوجيا (علم الأرض) فتح للمرة الأولى في هذه الجامعة. لم يكن فاروق الباز سمع عن هذا العلم، فسأل عنه وقيل له إنه علم يبحث في الصخور والأحجار التي تتكون على سطح الأرض، فاختار أن يدرس الجيولوجيا، لأنه منذ الصغر في أيام مخيمات الكشافة في المدرسة كان يحب جمع الأحجار. حصل على شهادة البكالوريوس في الكيميا- جيولوجيا عام 1958، ثم التحق مع خمسة جيولوجيين مصريين في بعثة منحته شهادة الماجستير في الجيولوجيا عام 1961 من معهد علم المعادن في ولاية ميسوري الأمريكية ثم شهادة الدكتوراه.

B

بعد حصوله على الدكتوراه عاد فاروق الباز إلى مصر ليعمل في الجامعة، لكن وزارة التعليم العالي طلبت منه أن يدرس الكيمياء في المعهد العالي في مدينة السويس. حاول فاروق الباز أن يبين للوزارة أنه متخصص في الجيولوجيا وليس الكيمياء ولكنهم لم يستمعوا إليه، فقرر السفر إلى أمريكا والبحث عن عمل هناك. في شهر ديسمبر عام 1966 وصل إلى أمريكا وبدأ البحث عن عمل وقدم حوالي مئة وعشرين طلبا للعمل في الجامعات أو المعاهد أو الشركات الأمريكية، ولكن لم يحالفه الحظ في أي من تلك الطلبات. الطلب التالي كان مرسلا للوكالة الوطنية للفضاء (ناسا) التي كانت تبحث عن جيولوجيين مختصيين بدراسة سطح القمر وجاءه الرد بالقبول واستلم الوظيفة خلال أيام.

C

لثلاثة أشهر كاملة يصب فاروق الباز جهوده على دراسة الصور المنتقاة لينتهي بنتيجة مذهلة! هي خريطة لسطح القمر وستة عشر موقعا أساسيا لهبوط السفن الفضائية، اكتشاف يضعه فورا على قائمة المتحدثين في الاجتماع الدوري للوكالة (ناسا). وخلال فترة قصيرة يتحول الدكتور فاروق من مجرد موظف غير معروف إلى سكرتير لجنة اختيار مواقع الهبوط على سطح القمر ثم إلى رئيس لفريق تدريب رواد الفضاء في العلوم والتقاط الصور، بعد إقناعهم بضرورة جلب عينات من سطح القمر للارتقاء بمهمة (أبولو) إلى رحلة استكشاف علمية.

D

خلال الأعوام بين 1967- 1973 عمل فاروق الباز على اختيار ست عشرة منطقة مميزة على القمر لهبوط رواد الفضاء عليها ضمن برنامج (أبولو) للحصول على أكبر إنجاز علمي عن التكوين الجيولوجي للقمر ومعرفة تاريخ تكوين القمر وعلاقة تكوين القمر بتكوين الأرض. خلال تلك الفترة عمل الباز مباشرة مع رواد فضاء كثيرين مثل (ديك جوردن وماتنجلي وجيم لوفل وألفريد هايز وستوارت روزا وآلان شيبارد) وأعدهم الإعداد العلمي للقيام بمهمتهم على القمر وكانوا يسمونه (الملك). وكان خلال تلك السنوات الستة سكرتير لجنة الاختيار لمواقع الهبوط على القمر ورئيسا لمجموعة تدريب الرواد. وقد حاز على إعجاب رواد الفضاء العاملين معه، حيث كان يتميز بشرح شيق ويسهل فهمه في نفس الوقت. وقد قال رائد الفضاء لبعثة (أبولو 15) ألفريد وردن أثناء وجوده في مدار حول القمر: أتذكر شرح (الملك) للقمر، وهو اسم فاروق الباز المعروف في ناسا، وأشعر كما لو كنت هنا من قبل! كان ألفرد وردن شخصية لطيفة وظريفة، وكان يحب أستاذه فاروق الباز ويحترمه كثيرا. وهذا ما جعله يتعلم بعض الكلمات والعبارات العربية الأساسية ويطلع على كثير من العادات والثقافات العربية أثناء عمله مع أستاذه طوال تلك الفترة.

E

تميزت رحلة (أبولو 15) بتطويرات وتحسينات متعددة لمركبة الفضاء، وكان الرواد والعاملون في وكالة ناسا قلقين على نجاح الرحلة. وعندما هبط ألفريد وردن هو ورفاقه على سطح القمر أراد أن يرسل رسالة إلى وكالة الفضاء ناسا في الأرض، فاختار أن يبدأ رسالته باللغة العربية إكراما لأستاذه فاروق الباز وتقديرا للجهود التي بذلها لإنجاح هذه المهمة، وكانت الرسالة: مرحبا، أهل الأرض!

F

في عام 1973 عمل فاروق الباز رئيسا للملاحظة الكونية والتصوير في مشروع (أبولو – سويوز) الذي قام بأول مهمة أمريكية – سوفييتية في تموز 1975. وفي عام 1986 انضم إلى جامعة بوسطن، في مركز الاستشعار عن بعد، وقام باستخدام تكنولوجيا الفضاء في مجالات الجيولوجيا والجغرافيا. وقد طور نظام استخدام الاستشعار عن بعد في اكتشاف بعض الآثار المصرية. ويشغل فاروق الباز حاليا منصب مدير مركز تطبيقات الاستشعار عن بعد في جامعة بوسطن في الولايات المتحدة الأمريكية.

adapted from: www.Aljazeera.net

1- لماذا قرر فاروق الباز السفر إلى أمريكا؟

2- كيف أصبح فاروق الباز سكرتير لجنة الاختيار لمواقع الهبوط على سطح القمر؟

3- من هو الملك، ولماذا سمي الملك؟

4- بأية لغة أرسل ألفريد وردن رسالته إلى وكالة الفضاء ناسا، ولماذا؟

5- ماذا فعل فاروق الباز في جامعة بوسطن؟

Q198/ From the same text, decide whether the following sentences are true or false and correct the false ones.

من النص السابق حددوا إذا كانت الجمل التالية صحيحة أم خاطئة، وصححوا الخاطئة منها.

1- أراد فاروق الباز أن يدرس الجيولوجيا منذ أن كان صغيرا.

....

2- درّس فاروق الباز الجيولوجيا في المعهد العالي في السويس في مصر.

....

3- حصل فاروق الباز على وظيفة في ناسا، لكنه بدأ العمل بعد ثلاثة أشهر.

....

4- رحلة (أبولو- سيوز) كانت مشتركة بين أمريكا والاتحاد السوفييتي.

....

5- لم يقدم فاروق الباز أي شيء لبلده مصر.

....

Q199/ Choose the correct sub-title below for each paragraph of the same text.

اختاروا العنوان المناسب من العناوين التالية لكل فقرة في النص السابق.

1- ولادته ونشأته الدراسية

2- التغيير الكبير في حياته العلمية

3- الجوائز التي حصل عليها

4- عمله الحالي

5- رحلة العودة إلى مصر وأمريكا

6- هوايته الرياضية

7- شكر الطالب للأستاذ

8- الإنجازات التي حققها مع وكالة ناسا

9- المشاكل التي واجهته في حياته العلمية

10- البحوث التي كتبها ولم تنشر

Q200/ From the same text, choose the correct meaning of the following words or phrases.

من النص السابق اختاروا المعنى الصحيح للكلمات أو العبارات التالية.

1- مخيمات الكشافة

A- scout camps
B- country sides
C- abroad holidays

2- رواد الفضاء

A- archeologists
B- geologists
C- astronauts

3- عينات

A- maps
B- samples
C- charts

4- التكوين

A- system
B- configuration
C- discovery

5- مدار

A- orbit
B- rout
C- circle

6- الاستشعار عن بعد

A- remote control
B- remote access
C- remote sensing

7- حالفه الحظ

A- (he) was healthy
B- (he) was lucky
C- (he) was unlucky

8- يصب جهده

A- to work hard
B- to work collectively
C- to work less

9- شيق

A- easy
B- brief
C- interesting

10- يطلع على

A- to be aware of
B- to understand
C- to discuss

Q201/ Some people think that Dr. Elbaz was a lucky man! Write (60 words) to express your opinion if you agree or not.

في رأيي،

Q202/ Translate the following sentences into English.

ترجموا الجمل التالية إلى الإنجليزية.

1- من حق الموظفين أن يأخذوا إجازات سنوية.

2- قُتِلَ ملايين من البشر أثناء الحربين العالميتين الأولى والثانية.

3- يناقش مدير الشركة مشاكل العمل مع الموظفين في اجتماع أسبوعي.

4- طلبت الحكومة مساعدات مالية عاجلة من صندوق النقد الدولي.

5- ازدادت المشاكل بين الزوجين وانتهت العلاقة بينهما بالطلاق.

Q203/ Read the text and answer the following questions.

اقرأوا النص وأجيبوا على الأسئلة التالية.

القهوة العربية

للقهوة العربية مكانة بارزة في المجالس العربية، حيث يجلس الأصدقاء حول النار ويبدأون بالأحاديث والحكايات. والقهوة رمز الكرم في البلدان العربية، خاصة في الجزيرة العربية وبلاد الشام. وحين يحضر الضيف إلى البيت يسرع صاحب البيت لتقديم القهوة مع عبارات الترحيب. وعادات العرب في تقديم القهوة وشربها معروفة ومحترمة، فالقهوة أول ما يقدم للضيف، حيث يتقدم الساقي ويصب قليلا منها للضيف، فإذا شربها صب له مرة أخرى، وهكذا يتابع الصب حتى يهز الضيف الفنجان هزة خفيفة.

وللقهوة العربية أنواع متعددة، وعادة ما يضاف إليها حب الهيل. وفي بعض البلاد العربية تقدم القهوة في نهاية الزيارة، وتسمى قهوة مع السلامة.

1- إلى ماذا ترمز القهوة العربية، وفي أي البلدان خاصة؟

....

2- متى تقدم القهوة للضيف عادة؟

....

3- كيف تقدم القهوة العربية للضيف عادة؟

....

4- كيف يعرف الساقي أن الضيف لا يريد مزيدا من القهوة؟

....

5- لماذا تسمى قهوة (مع السلامة) في بعض البلاد؟

....

Q204/ Read your horoscope and translate it into English.

اقرأوا أبراجكم وترجموها إلى الإنجليزية. **الأبراج**

برج الجدي (22(كانون الأول/ديسمبر- 20 كانون الثاني/ يناير) CAPRICORN

أمامك فرصة نجاح في العمل حاول أن تستفيد منها ولا تضيعها، لأن مثل هذه الفرص لا تأتي دائما في الحياة، أو كما يقال (الحياة فرص). أرقام الحظ: 4 و 9 و 15. يوم الحظ: الخميس.

برج الدلو (21 كانون الثاني / يناير- 19 شباط / فبراير) ACUARIUS

لا تقلق كثيرا من امتحان اللغة العربية، لأنه ليس صعبا كما تظن. فقط ادرس جيدا وحاول أن تنام جيدا ليلة الامتحان. أنت شخص نشيط جدا، لكن بحاجة إلى مزيد من الثقة بالنفس. أرقام الحظ: 1 و 8 و 19. يوم الحظ: الثلاثاء.

برج الحوت (20 شباط / فبراير - 20 آذار / مارس) PICSES

عندك عطلة في الأسابيع القادمة وستذهب إلى بلد بعيد. لا تترك حقائبك بعيدة عنك، لأن السرقات كثيرة في ذلك البلد. كذلك لا تأكل كل ما يقدم لك من طعام في ذلك البلد، لأنه قد لا يناسبك. أرقام الحظ: 7 و 11 و 23. يوم الحظ: الجمعة.

برج الحمل (21 آذار / مارس - 20 نيسان / أبريل) ARIES

سيزورك صديق قديم هذه الأيام وعليك أن تستعد له. هو شخص يحبك كثيرا ويريد مساعدتك، فلا تخجل من طلب المساعدة منه. أرقام الحظ: 5 و 12 و 18. يوم الحظ: السبت.

برج الثور (21 نيسان /أبريل - 20 أيار / مايو) TAURUS

أفكارك خطيرة جدا فلا تذهب وراءها لأنها ستقودك إلى نتائج لا تحبها أبدا. أنت من الأشخاص المغامرين وعليك أن تتذكر أن بعض المغامرات تنتهي بكارثة. أرقام الحظ: 5 و 7 و 17. يوم الحظ: السبت.

برج الجوزاء (22 أيار / مايو - 21 حزيران / يونيو) GEMINI

علاقاتك العاطفية جيدة مع شريكك وليست بينكما أية مشاكل، ولو أنه الآن بعيد عنك. ستلتقيان قريبا في مناسبة خاصة وستقضيان وقتا ممتعا سوية. أرقام الحظ: 2 و 9 و 15. يوم الحظ: الأحد.

برج السرطان (22 حزيران / يونيو - 23 تموز / يوليو)   CANCER

طموحاتك كثيرة ومتعددة، ولكن وقتك محدود جدا، لهذا يجب أن تركز على أهم الأهداف التي تريد تحقيقها. الدراسة أولا ثم بعد التخرج من الجامعة يمكنك أن تفكر في الأشياء الأخرى. أرقام الحظ: 1 و 8 و 19 . يوم الحظ: الثلاثاء.

برج الأسد (24 تموز / يوليو - 23 آب / أغسطس)   LEO

أنت شخص عاطفي وحساس جدا، ولكن مزاجي في نفس الوقت. وهذا ليس جيدا في علاقاتك مع الآخرين خصوصا زملاءك في العمل أو الدراسة. عليك أن تعيد النظر في تصرفاتك مع الناس. أرقام الحظ: 5 و 15 و 25. يوم الحظ: الجمعة.

برج العذراء (24 آب / أغسطس - 23 أيلول / سبتمبر)   VIRGO

دراستك تسير بشكل جديد ومشرفك مهتم كثيرا بموضوعك ومستعد لمساعدتك في أي وقت، ولكن هذا لا يعني أنك تعتمد عليه كليا. حاول بنفسك أولا أو اطلب المساعدة من زملائك، إذا لم تستطع. أرقام الحظ: 1 و 10 و 18 . يوم الحظ: الخميس.

برج الميزان (24 أيلول / سبتمبر - 23 تشرين الأول / أكتوبر)   LIBRA

لا تتدخل في أمور الآخرين الشخصية، لأن هذا يزعج الناس ويجعلهم لا يرغبون في مقابلتك. كثير من الناس لا يحبون مناقشة أمورهم الشخصية حتى مع الأصدقاء. أرقام الحظ: 9 و 15 و 19 . يوم الحظ: الاثنين.

برج العقرب (23 تشرين الأول /أكتوبر - 22 تشرين الثاني /نوفمبر)   SCORPIO

أنت إنسان متفائل ومرح وتتعامل مع الأشياء بسهولة. وهذا يجعلك تقف أمام المشاكل بقوة وتحاول أن تجد لها حلولا حتى لو كانت مؤقتة. أصدقاؤك يحبونك، لأنك دائما مستعد لمساعدتهم. أرقام الحظ: 2 و 13 و 17 . يوم الحظ: الأربعاء.

برج القوس (23 تشرين الثاني / نوفمبر -21 كانون الأول / ديسمبر)   SAGITTARIUS

ستحصل على وظيفة جيدة بعد التخرج من الجامعة وربما تسافر إلى بلاد أخرى في الشرق الأوسط. لهذا ينبغي عليك أن تحسن لغتك العربية من الآن وأن تقرأ كثيرا عن العادات والثقافات في الشرق الأوسط. أرقام الحظ: 3 و 12 و 19 . يوم الحظ: الأربعاء.

ANSWERS

Q/1

1- أختي تدرس في <u>كلية</u> الطب.
2- اشتريت الكتاب بخمسة عشر <u>جنيها</u>.
3- أقارب زوجتي <u>يسكنون</u> في كندا.
4- العشاء في الساعة الثامنة <u>مساءا</u>.
5- لكل بلد <u>عاصمة</u>.
6- <u>هذه</u> الأسواق كبيرة.
7- غالبا أشعر <u>بالجوع</u> بعد العمل.
8- السنة الماضية <u>سافرنا</u> إلى الجزائر.
9- درجة الحرارة اليوم صفر. الجو اليوم <u>بارد</u>.
10- من فضلك، <u>كم</u> الساعة الآن؟

Q/2

<u>يومي</u>

<u>أخرج</u> من البيت الساعة التاسعة صباحا (عادة)، <u>وأذهب</u> إلى المكتب بالباص. <u>أذهب</u> إلى مطعم عربي الساعة الواحدة بعد الظهر مشيا. <u>آكل</u> السمك والرز والسلطة (عادة)، وأشرب زجاجة كولا. <u>أرجع</u> إلى المكتب الساعة الثانية بعد الظهر. <u>أترك</u> المكتب (عادة) الساعة السادسة مساءا، <u>وأرجع</u> إلى البيت بالتاكسي.

Q/3

صديقي اسمه مارك، هو من مدينة برلين في ألمانيا. عمره عشرون سنة، ويسكن في مدينة لندن. هو طالب في جامعة لندن ويدرس التاريخ. في نهاية الأسبوع يذهب مارك إلى السينما. يحب مارك كرة القدم والسباحة. في الصيف الماضي سافر مارك إلى المغرب. سيعمل مارك في مكتبة الجامعة بعد التخرج. في المستقبل يحب مارك العيش في تركيا، لأن الجو جميل فيها خصوصا في الصيف، والطعام التركي شهي أيضا.

صديقتي اسمها لورا، هي من مدينة روما في إيطاليا. عمرها تسعة عشر عاما، وتسكن في مدينة لندن. هي طالبة في جامعة لندن وتدرس الهندسة. في نهاية الأسبوع تذهب لورا إلى المسرح. تحب لورا الموسيقى والتنس. في الصيف الماضي سافرت لورا إلى الأردن. ستعمل لورا في شركة للسيارات بعد التخرج. في المستقبل تحب لورا العيش في تونس، لتدرس اللغة العربية ولأن تونس قريبة من إيطاليا أيضا، حيث تسكن أسرتها.

Q/4

		درس	عمل	مدرسة	مكتبة
1- أنا	(ي)	درسي	عملي	مدرستي	مكتبتي
2- نحن	(نا)	درسنا	عملنا	مدرستنا	مكتبتنا
3- أنتَ	(كَ)	درسكَ	عملكَ	مدرستكَ	مكتبتكَ
4- أنتِ	(كِ)	درسكِ	عملكِ	مدرستكِ	مكتبتكِ
5- أنتما	(كُما)	درسكما	عملكما	مدرستكما	مكتبتكما
6- أنتم	(كُم)	درسكم	عملكم	مدرستكم	مكتبتكم
7- أنتُنَّ	(كُنَّ)	درسكنَّ	عملكنَّ	مدرستكنَّ	مكتبتكنَّ
8- هو	(ه)	درسه	عمله	مدرسته	مكتبته
9- هي	(ها)	درسها	عملها	مدرستها	مكتبتها
10- هما	(هما)	درسهما	عملهما	مدرستهما	مكتبتهما
11- هم	(هم)	درسهم	عملهم	مدرستهم	مكتبتهم
12- هنَّ	(هُنَّ)	درسهنَّ	عملهنَّ	مدرستهنَّ	مكتبتهنَّ

Q/5

1- كل صيف أسافر إلى الشرق الأوسط لزيارة بعض الأصدقاء.
2- آسف. تأخرت عن الموعد اليوم.
3- حصل أخي على وظيفة جديدة قبل أسبوعين.
4- الفنادق غالية جدا في وسط لندن.
5- نحب مشاهدة الأفلام في المساء.

Q/6

1- سوق الحميدية في وسط دمشق بين الجامع الأموي الكبير وشارع (النصر).
2- لأن يوم الجمعة عطلة نهاية الأسبوع في سورية وفي كثير من البلاد العربية.
3- يشترون عادة الملابس والأطعمة والحلويات والمشروبات العربية وغيرها.
4- بناه السلطانان عبد الحميد الأول والثاني.
5- يزورونه في الصيف، لأن الجو عادة في سورية جميل ومشمس فيه.

Q/7

PAST TENSE

They f/p	They m/p	They f/du	They m/du	She	He	You f/p	You m/p	You dual	You f	You m	we	I
ذهبنَ	ذهبوا	ذهبَتا	ذهبا	ذهبَت	ذهبَ	ذهبتُنَّ	ذهبتُم	ذهبتُما	ذهبتِ	ذهبتَ	ذهبنا	ذَهَبتُ
رجعنَ	رجعوا	رجعَتا	رجعا	رجعَت	رجعَ	رجعتنَّ	رجعتم	رجعتما	رجعتِ	رجعتَ	رجعنا	رَجَعتُ
أكلنَ	أكلوا	أكلَتا	أكلا	أكلَت	أكلَ	أكلتنَّ	أكلتم	أكلتما	أكلتِ	أكلتَ	أكلنا	أكَلتُ
شربنَ	شربوا	شربَتا	شربا	شربَت	شربَ	شربتنَّ	شربتم	شربتما	شربتِ	شربتَ	شربنا	شَرِبتُ
كتبنَ	كتبوا	كتبَتا	كتبا	كتبَت	كتبَ	كتبتنَّ	كتبتم	كتبتما	كتبتِ	كتبتَ	كتبنا	كَتَبتُ
قرأنَ	قرأوا	قرأتا	قرآ	قرأت	قرأ	قرأتنَّ	قرأتم	قرأتما	قرأتِ	قرأتَ	قرأنا	قَرَأتُ

Q/8

1- My young sister studies at a high school.
2- Do you work on Saturdays, guys?
3- This family is from an Arab origin.
4- I do not know what to do this evening!
5- Where is the post office, please?

Q/9

الفلافل العربية

الفلافل العربية أكلة عربية مشهورة في كل البلاد العربية. هناك <u>نوعان</u> من الفلافل: الفلافل السورية وهي مصنوعة من الحمص، والفلافل المصرية (الطعمية) وهي مصنوعة من الفول. وهناك فلافل تركية وإيرانية في الشرق الأوسط أيضا، وهي <u>مشابهة</u> كثيرا للفلافل العربية.

العرب يحبون الفلافل كثيرا ويأكلونها عادة في كل الوجبات مع السلطة والبيض. وكثير من الطلاب <u>يحملون</u> (ساندويتشات) الفلافل معهم في حقائبهم إلى المدرسة. والفلافل أكلة رخيصة وصحية أيضا، وفي السعودية هناك مطاعم خاصة <u>تقدم</u> الفلافل مجانا للطلاب في الغداء، لأنها مفيدة <u>وشهية</u>.

عندما <u>سافر</u> العرب إلى أمريكا اللاتينية وسكنوا فيها، أخذوا معهم <u>وصفة</u> الفلافل. وعندما <u>جرب</u> الناس الفلافل في البرازيل والأرجنتين أحبوها أيضا، وصارت أكلة مشهورة في كل مدينة كبيرة في أمريكا اللاتينية. واليوم هناك مطاعم للفلافل في كثير من المدن الأمريكية والأوربية <u>مثل</u> نيويورك ولندن وباريس وغيرها، وصارت الفلافل أكلة <u>عالمية</u> مشهورة يحبها الناس في كل العالم.

Q/10

1- January

يناير كانون الثاني

2- February

فبراير شباط

3- March

مارس آذار

4- April

أبريل نيسان

5- May

مايو أيار

6- June

يونيو حزيران

7- July

يوليو تموز

8- August

أغسطس آب

9- September

سبتمبر أيلول

10- October

أكتوبر تشرين الأول

11- November

نوفمبر تشرين الثاني

12- December

ديسمبر كانون الأول

Q/11

1- سنذهب إلى الشرق الأوسط الصيف القادم لدراسة العربية.
2- أسوان مدينة قديمة، لكن جميلة وفيها نهر أيضا.
3- أنا مشغول وليس عندي وقت، لذلك لن أسافر في نهاية الأسبوع.
4- المكتبة في الطابق السادس في هذه البناية.
5- من سمع عن الاجتماع في الشهر القادم؟

Q/12

1- لأن الطعام شهي في هذا المطعم ولأنه جميل وقريب من (إلى) المحلات.
2- يذهبون غالبا يوم الخميس أو يوم الجمعة إلى هذا المطعم.
3- يأكلون الأكلات المصرية المشهورة مثل الفلافل المصرية والكشري.
4- الصورة على مائدة نجيب محفوظ الخاصة في المطعم.
5- يشترون الملابس والتحفيات المصرية والكتب السياحية.

Q/13

A-

1- مُدراء
2- زُمَلاء
3- رُؤَساء
4- وُكَلاء
5- كُرَماء

B-

1- مَطاعِم
2- مَكاتِب
3- مَسابِح
4- مَطابِخ
5- مَصانِع

Q/14

1- ماذا <u>فعلت/تفعل/ستفعل</u> يوم السبت، يا أحمد؟
2- صديقي لا <u>يعمل</u> في نهاية الأسبوع.
3- <u>تفتح</u> المكتبة الساعة التاسعة صباحا كل يوم.
4- لا أحب أن <u>أسكن</u> في هذا البيت.
5- <u>سأل/يسأل</u> الطلاب الأستاذ عن الكلمات الجديدة.
6- متى <u>تركتم/ستتركون</u> المدرسة اليوم، يا أولاد؟
7- من <u>هرب</u> من درس العربية!
8- في الصيف القادم <u>سنأخذ</u> عطلة في روما ونرجع بعد أسبوعين.
9- هل <u>لبست</u> الفستان الجديد في الحفلة البارحة؟
10- أختي <u>تلعب</u> الكرة الطائرة كل أسبوع.
11- أنا وأصدقائي <u>درسنا</u> العربية الصيف الماضي.
12- لا <u>أعرف / نعرف</u> اسم الأستاذة الجديدة!

Q/15

1- أجلس في المكتبة عادة بعد الدروس ظهرا.
2- نشاهد كرة القدم الإنجليزية في التلفزيون كل يوم سبت.
3- هذا المتحف مُغلَق حتى نهاية الأسبوع القادم (ة).
4- هل تحتاج / تحتاجين إلى مساعدة في واجباتك؟
5- سنتأخر عن الاجتماع اليوم صباحا.

Q/16

PRESENT TENSE

They f/p	They m/p	They du m/f	She	He	You f/p	You m/p	You du	You f	You m	We	I
يذهبنَ	يذهبون	يذهبانِ تذهبانِ	تذهب	يذهب	تذهبنَ	تذهبونَ	تذهبانِ	تذهبينَ	تذهب	نذهب	أذهبُ
يدرسنَ	يدرسون	يدرسان تدرسان	تدرس	يدرس	تدرسنَ	تدرسون	تدرسان	تدرسين	تدرس	ندرس	أدرُسُ
يعملنَ	يعملون	يعملان تعملان	تعمل	يعمل	تعملنَ	تعملون	تعملان	تعملين	تعمل	نعمل	أعمَل
يسكنَّ	يسكنون	يسكنان تسكنان	تسكن	يسكن	تسكنَّ	تسكنون	تسكنان	تسكنين	تسكن	نسكن	أسكُن
يعرفنَ	يعرفون	يعرفان تعرفان	تعرف	يعرف	تعرفنَ	تعرفون	تعرفان	تعرفين	تعرف	نعرف	أعرِف
يسمعنَ	يسمعون	يسمعان تسمعان	تسمع	يسمع	تسمعنَ	تسمعون	تسمعان	تسمعين	تسمع	نسمع	أسمَع

Q/17

1- People go out to the parks when it (the weather) is sunny.
2- I do not have breakfast in the morning, but I have (drink) some coffee.
3- Fatima helps her mother in house cleaning.
4- Do you (Pl) prefer to travel by plane or train?
5- Working for the UN is useful and interesting, but it needs (requires) experience.

Q/18

أمس

مرحبا، أنا زيد وأنا محاسب في بنك عربي. البارحة تركت البيت الساعة الثامنة صباحا، وذهبت إلى العمل بالباص. عملت حتى الساعة الواحدة ظهرا، ثم أكلت الغداء الساعة الواحدة. أكلت بيتزا في الغداء. الساعة السادسة مساءا رجعت إلى البيت مع صديقي أحمد بسيارته القديمة. أكلت العشاء في البيت الساعة التاسعة.

Q/19

1-	11	الحادي عشر	الحادية عشرة
2-	12	الثاني عشر	الثانية عشرة
3-	16	السادس عشر	السادسة عشرة
4-	20	العشرون	العشرون
5-	31	الحادي والثلاثون	الحادية والثلاثون
6-	42	الثاني والأربعون	الثانية والأربعون
7-	67	السابع والستون	السابعة والستون
8-	100	المئة	المئة
9-	289	المئتان والتاسع والثمانون	المئتان والتاسعة والثمانون
10-	1000	الألف	الألف

Q/20

1- خاطئة. لون البيوت في مراكش هو <u>الأحمر.</u>
2- خاطئة. الجو في الشتاء في المدينة بارد <u>في الليل (معتدل في النهار).</u>
3- صحيحة.
4- خاطئة. عادة يزور السياح أولا سوق (السمارين) ثم جامع <u>(الفنا).</u>
5- خاطئة. كل السياح يحبون المغرب ويريدون <u>أن يرجعوا إليه مرة ثانية.</u>

Q/21

1- في أيام الطفولة <u>درست</u> الموسيقى.
2- أسرتي <u>ليست</u> كبيرة. عندي أخ واحد فقط.
3- زوجها يعمل في شركة كبيرة، <u>لذلك</u> يسافر كثيرا.
4- <u>أخرجت</u> الكتاب من المكتبة.
5- في دمشق أسواق <u>قديمة.</u>
6- <u>هؤلاء</u> الأولاد من نفس المدرسة.
7- السنة القادمة <u>سأدخل</u> الجامعة.
8- أنا تعبان جدا، لأني عملت <u>كثيرا</u> هذا الأسبوع.
9- درست اللغة الألمانية ثم درست اللغة العربية.
10- أسرتي <u>تنزل</u> في فندق عندما تذهب إلى بيروت.

Q/22

1- رقم أرقام
2- زميل زُمَلاء
3- كتاب كُتُب
4- زوج أزواج
5- رأس رُؤوس
6- صوت أصوات
7- رفيق رِفاق
8- مدينة مُدُن
9- أسد أُسود
10- جسم أجسام
11- حرب حُروب
12- فندق فَنادِق

Q/23

1- أين تذهب الرحلة القصيرة؟
2- بكم الرحلة القصيرة؟
3- متى/ ما وقت الرحلة الطويلة؟
4- ما هو الفطور في الرحلة الطويلة؟
5- أي نوع من الخمر تقدمون في الرحلة الطويلة؟

Q/24

1- المطاعم والفنادق في لندن غالية.
2- أسكن في جنوب المدينة، حيث أعمل في مطعم قريب.
3- في الشتاء يسقط المطر كثيرا في أوربا.
4- تأخرت عن موعد القطار، فأخذت القطار الآخر.
5- لم أحضر الاجتماع أمس.
6- اليوم أنا تعبان جدا، لذلك سأبقى في البيت.
7- في السنة أربعة فصول.
8- أعرف هذه الطالبة، لكن لا أتذكر اسمها.
9- في هذا المكتب ثلاث موظفات.
10- لا أستطيع أن أقرأ هذه الرسالة.

Q/25

1- من سيشارك في هذا المشروع الجديد؟
2- أتذكر كثيرا عن طفولتي ومدرستي في بيروت.
3- كرة السلة (هي) هوايتي المفضلة، وألعبها مع أصدقائي كل أسبوع.
4- آخذ ابني إلى المدرسة كل يوم.
5- ما كان (لم يكن) الامتحان صعبا، لكن كان طويلا جدا!

Q/26

ليلى

أنا ليلى علي سليمان. أنا بريطانية لكن من أصل عربي. أبي من الأردن وأمي من لبنان. انتقلنا إلى إنجلترا عندما كنت في السنة التاسعة من عمري. نسكن في غرب مدينة لندن في منطقة (أكتن) في بيت صغير. أبي محامٍ يعمل في شركة قانونية وأمي ربة بيت. عندي أخت واحدة اسمها سارا، وهي متزوجة وتعيش مع زوجها وأطفالها الثلاثة في باريس، حيث تعمل محاسبة في بنك. أنا طالبة في جامعة لندن في السنة الثانية وأدرس فيها علم النفس. أذهب إلى الجامعة عادة بقطار الأنفاق، ولكن ليست عندي محاضرات كل يوم. أتناول الغداء عادة مع زملائي في الجامعة ثم أجلس في المكتبة ساعتين أو أكثر لأقرأ دروسي، أو أحضر بعض المحاضرات. في المساء أترك الجامعة عادة الساعة السادسة وأعود إلى البيت. في نهاية الأسبوع لا أدرس عادة، وأقضي كل الوقت غالبا مع أسرتي أو أخرج أحيانا مع أصدقائي إلى السوق أو المطعم أو السينما أو المسرح.

Q/27

1- انتقلت أسرة ليلى إلى إنجلترا عندما كانت ليلى في السنة التاسعة من عمرها.
2- لا، والدة ليلى ربة بيت.
3- تسكن أخت ليلى في باريس مع زوجها وأطفالها الثلاثة.
4- تجلس في المكتبة لتدرس أو تحضر بعض المحاضرات.
5- تقضي ليلى نهاية الأسبوع عادة مع أسرتها أو تخرج مع أصدقائها إلى السوق أو المطعم أو السينما.

Q/28

1- ستذهب إلى تاج محل، وتزور المتحف الوطني وترى الآثار الهندية القديمة.
2- سيأكل السمك المقلي مع الرز.
3- الأسد من الحيوانات المتوحشة، وليس الجمل.
4- الأم والأخت ستذهبان إلى أحد الأسواق الشعبية لشراء بعض الملابس الهندية.
5- غير مذكور (لا نعرف). ربما ستذهب إلى مدن أخرى.

Q/29

1- متى ستذهب الأسرة إلى الهند؟
2- لماذا لا يأكل الأب الطعام الحار؟
3- أين ستذهب الأسرة في اليوم الثاني؟
4- كيف سيأخذ أحمد الصور في العطلة القادمة؟
5- لمن سيكتب أحمد بعض الرسائل في الفندق؟
6- أين ستقضي الأسرة اليوم الرابع ظهرا؟

Q/30

1- الفندق في مدينة دلهي.

2- ستزور الأسرة المتحف الوطني في اليوم الأول.

3- الأم تحب الأفلام الهندية، وستذهب إلى السوق الشعبي في الصباح.

4- ربما ستذهب الأسرة إلى مدن هندية أخرى في بقية الأيام.

5- ستبقى الأسرة في الهند أسبوعا.

Q/31

محادثة

مرحبا	مرحبا
أنا سام، وأنت؟	أنا سارا.
أهلا وسهلا	أهلا وسهلا.
هل أنت طالبة في هذه الجامعة؟	نعم، أنا طالبة في هذه الجامعة. وأنت؟
أنا أيضا طالب في هذه الجامعة.	ماذا تدرس؟
أدرس التاريخ. وأنت؟	أنا أدرس الهندسة.
في أي سنة أنت؟	أنا في السنة الثانية. وأنت؟
أنا في السنة الثالِثة. هل الهندسة صعبة؟	نعم، صعبة جدا! وماذا عن التاريخ؟
التاريخ سهل، لكن يحتاج إلى دراسة أيضا.	من أين أنت؟
أنا من إنجلترا. وأنت؟	أنا من فرنسا.
هل أنت من باريس؟	نعم، أنا من باريس... من أين أنت؟
أنا من لندن. هل تسكنين في بيت الطلاب؟	نعم، وأنت، أين تسكن؟
أسكن مع أسرتي في جنوب لندن.	كيف تذهب إلى الجامعة عادة؟
أذهب عادة بالباص، لكن أحيانا أذهب بالقطار.	أنا أذهب دائما مشيا، لأن بيت الطلاب قريب من الجامعة.
هل عندك دروس اليوم؟	نعم، عندي درس بعد قليل. وأنت؟
ما عندي دروس اليوم، لكنني أدرس عادة في المكتبة أو أكتب واجباتي.	أنا سعيدة بلقائك!
وأنا أيضا. حظ سعيد!	وأنت أيضا. مع السلامة.
مع السلامة.	

Q/32

1- نعم، أحب أن أذهب إلى السوق يوم السبت.

2- لا، لا أحب أن أشرب القهوة في الفطور.

3- نعم، نحب أن نسبح في البحر في الصيف.

4- نعم، أريد أن أدرس في هذه الجامعة.

5- لا، لا أريد أن أقرأ هذه القصة.

6- نعم، نريد أن نشاهد هذا الفلم.

7- أفضل الشاي.

8- أفضل السينما.

9- نفضل أن نسافر إلى البرازيل.

10- نحب أن نلعب كرة القدم.

Q/33
1- Our house is on the ninth floor of this building.
2- How can I memorise all words before the exam!
3- My sister teaches mathematics at a primary school.
4- We usually do not have breakfast before 8am.
5- What is the capital city of the Moroccan Kingdom?

Q/34

1- خاطئة. إيف سان لرون اشترى من جاك ماجوريل البيت مع الحديقة

2- صحيحة.

3- خاطئة. مصنع (إيف سان لرون) في المغرب يبيع الملابس المغربية.

4- خاطئة. تفتح حديقة (الماجوريل) كل يوم.

5- صحيحة.

6- خاطئة. تذكرة الدخول إلى المتحف بعشرين درهما.

Q/35

1- أين تقع حديقة (الماجوريل) في مراكش؟

2- من يملك (صاحب) حديقة الماجوريل؟

3- كيف يذهب السياح عادة إلى حديقة الماجوريل؟

4- من أين جمعت التحف العربية في المتحف في حديقة الماجوريل؟

5- متى تفتح حديقة الماجوريل عادة؟

6- ما ثمن (سعر) تذكرة الدخول إلى حديقة الماجوريل؟

Q/36

1- بعيد   أبعد
2- قديم   أقدم
3- نظيف   أنظف
4- جديد   أجدّ
5- سعيد   أسعد
6- رخيص   أرخص
7- قصير   أقصر
8- حلو   أحلى
9- لطيف   ألطف
10- كريم   أكرم

Q/37

1- هذا الولد <u>أصغر</u> من هذه البنت.
2- باريس <u>أجمل</u> من مدريد.
3- بيتي <u>أجدّ</u> بيت في الشارع.
4- في الشتاء النهار <u>أقصر</u> من الليل.
5- نهر النيل <u>أطول</u> نهر في العالم.
6- جدي <u>أكبر</u> من جدتي.
7- يوم الخميس <u>أحسن</u> يوم في الأسبوع.
8- مطعم (نورا) <u>أغلى</u> من مطعم (مروش) في لندن.
9- جامعتي <u>أفضل/ أقدم</u> جامعة في بريطانيا.
10- دمشق <u>أقدم</u> عاصمة في العالم.
11- في الشتاء الجو في موسكو <u>أبرد</u>.
12- الامتحان الأول كان <u>أصعب / أسهل</u> من الامتحان الثاني.

Q/38

1- الماء في نهر النيل الأزرق كثير في <u>الصيف.</u>
2- نهر النيل يجري من <u>الجنوب إلى الشمال.</u>
3- نهر النيل مهم جدا للناس لأن الناس يحتاجون إلى الماء <u>للزراعة وصيد السمك.</u>
4- المصريون <u>يأكلون السمك ويبيعونه</u> للسياح.
5- الجو في مصر <u>معتدل</u> في الشتاء.

Q/39

1- يبدأ النيل الأزرق من بحيرة (تانا) في إثيوبيا.
2- يعمل الناس في مصر والسودان والبلاد الإفريقية عادة في الزراعة وصيد السمك.
3- يزور السياح مصر عادة في فصل الشتاء، لأن الجو فيها عادة دافىء.
4- يحب السياح في مدينة الأقصر المتاحف والآثار الفرعونية.
5- يأكل السياح في المطعم عادة في العشاء الأطعمة المصرية والعربية الشهية مثل السمك المشوي والدجاج المقلي والكباب والفلافل وغيرها.

Q/40

1- أسافر إلى الهند كل سنة.
2- نسكن في هذه البناية منذ الصيف الماضي.
3- ماذا تفعلون عادة في نهاية الأسبوع؟
4- لي (عندي) أخوان وثلاث أخوات.
5- يدرس الطلاب عادة في المكتبة.

Q/41

1- في الصيف القادم سنذهب إلى تونس.
2- هل عندكم دروس كثيرة في الفصل الدراسي القادم؟
3- كل يوم أحد نمشي في الحديقة القريبة.
4- الأستاذ الإسباني يدرس في هذه الجامعة.
5- لا أحب القهوة الباردة أبدا.
6- عندي موعد مع أستاذي الساعة العاشرة.
7- نأكل يوم السبت في المطعم العربي.
8- لا نعرف اسم الزميلة الجديدة.
9- مكتبي في الطابق السادس في هذه البناية.
10- أخذنا عطلة طويلة بعد الامتحانات.

Q/42

السيرة العلمية (الذاتية)

الاسم الكامل: أحمد خالد سليمان

محل وتاريخ الولادة: تونس/ 15-7-1990

عنوان السكن: 22 شارع العرب - تونس

رقم الهاتف الأرضي: 96273755 216 00

رقم الهاتف الجوال (الموبايل): 06767660 216 00

البريد الألكتروني:

Ahmedkhalid90@yahoo.com

الخبرات:

لدي ثلاث سنوات من الخبرة في العمل في المكتبات العامة وسنتان في العمل في مكتب للسياحة والسفر.

المؤهلات:

1- **شهادة دبلوم في الكومبيوتر (الحاسوب)**
2- **شهادة إعدادية من الثانوية العربية في بيروت.**

التوصيات:

1- **الدكتور أحمد النجار**
2- **الدكتورة سلمى محمود**
3- **السيد علي سليمان**

الهوايات:

1- **كرة القدم**
2- **الموسيقى**
3- **السفر**

Q/43

1- الليلة في الجناح العادي في فندق برج العرب بأربعة آلاف وثلاثمئة درهم.
2- أحمد من مصر ويعمل في شركة كبيرة في الكويت.
3- نزل أحمد وزوجته في الجناح البانورامي في فندق برج العرب لليلة واحدة.
4- ذهبا في المساء إلى السوق بالتاكسي.
5- مشى أحمد في الفندق بعد الفطور وأخذ صورا للفندق وللبحر؟

Q/44

1- ذهب احمد إلى فندق برج العرب <u>للاحتفال بذكرى زواجه.</u>
2- دخل أحمد الفندق الساعة <u>الثالثة</u> ظهرا.
3- <u>جلب</u> الخادم لأحمد وزوجته بعض <u>الجرائد والمجلات.</u>
4- ترك أحمد مدينة دبي ورجع إلى <u>الكويت.</u>
5- أحمد يحب فندق برج العرب وزوجته <u>أيضا تحبه.</u>

Q/45

Imperative Forms

You/f-pl	You/m-pl	You/dual	You/f	You/m	Infinitive
اذهَبنَ	اذهَبوا	اذهَبا	اذهَبي	اذهَب	ذَهَب / يذهَب
ادرُسن	ادرُسوا	ادرُسا	ادرُسي	ادرُس	دَرَس / يدرُس
اقرَأنَ	اقرَأوا	اقرَآ	اقرَئي	اقرَأ	قَرَأ / يقرَأ
اسمَعنَ	اسمَعوا	اسمَعا	اسمَعي	اسمَع	سَمِع / يسمَع
اجلِسنَ	اجلِسوا	اجلِسا	اجلِسي	اجلِس	جَلَس / يجلِس

Q/46

1- ندرس في <u>جامعة بيروت.</u>
2- زوجتي فرنسية من <u>مدينة بوردو.</u>
3- أسكن مع صديقي في <u>بيت الطلاب.</u>
4- أبي يعمل في شركة في <u>مركز المدينة.</u>
5- <u>أستاذة الكيمياء</u> اسمها سامية.
6- لا أعمل في <u>نهاية الأسبوع.</u>
7- في <u>جريدة اليوم</u> ليست هناك أخبار جديدة!
8- أين سمعت عن <u>حفلة الجامعة</u>؟
9- هل تعرفون <u>عنوان الفلم</u>؟
10- نسافر في <u>فصل الصيف</u> إلى كينيا.

Q/47

أحمد: مرحبا، زينب.
زينب: مرحبا، أحمد.
أحمد: كيف الحال؟
زينب: أنا بخير... شكرا، وأنت؟
أحمد: أنا بخير.... تفضلي.
زينب: شكرا.
أحمد: ماذا تشربين؟
زينب: أشرب قهوة من فضلك.
أحمد: هل تحبين القهوة بالحليب؟
زينب: نعم، أحب القهوة بالحليب.
أحمد: هل تحبين القهوة بالسكر؟
زينب: لا، لا أحب القهوة بالسكر.

....

أحمد: ماذا تعملين؟
زينب: في الصباح أدرس في الجامعة، وفي المساء أعمل في مطعم.
أحمد: ماذا تدرسين في الجامعة؟
زينب: أدرس القانون.
أحمد: هل القانون صعب؟
زينب: لا، ليس صعبا، لكن يحتاج إلى دراسة كثيرة. وأنت، ماذا تعمل أو تدرس؟
أحمد: أنا!!! أنا لا أعمل ولا أدرس. فقط آكل وأشرب وألعب وأنام.
زينب: رجل كسلان!

Q/48

1- عدد الأيام في شهر رمضان 29 يوما أو 30 يوما في كل سنة.
2- الأطفال يصومون أحيانا في رمضان بتشجيع من الأهل.
3- الصوم بلا سحور ليس جيدا للصحة وللصوم أيضا.
4- يشربون عصير (قمر الدين) في كل السنة، لكن يحبونه أكثر في رمضان.
5- في السعودية يعمل الموظفون ساعات أقل في شهر رمضان.

Q/49

1- التقويم الهجري
C- Islamic calendar

2- يحتفل
C- to celebrate

3- ثقافية
A- cultural

4- معذور
C- excused

5- يشجع
B- to encourage

6- تغيب
B- to set

7- تتوقف
A- to stop

8- يوقظ
C- to wake (someone) up

Q/50

1- نحن في سنة 1441 في التقويم الهجري.
2- يحتفل العالم بعيد العمال في اليوم الأول من شهر مايو/أيار.
3- صديقتي تعمل في المركز الثقافي العربي في تونس.
4- الطالب الغائب ليس معذورا عن كتابة الواجب.
5- يشجع أستاذ العربية الطلاب على التكلم بالعربية.
6- متى ستغيب الشمس اليوم؟
7- تتوقف الباصات والقطارات عن العمل في يوم عيد الميلاد في بريطانيا.
8- توقظ الأم ابنها كل يوم الساعة السابعة صباحا.

Q/51

1- الأم تطبخ الإفطار في الأسرة قبل غروب الشمس بساعة أو ساعتين.

2- تشاهد الأسرة عادة في رمضان المسلسلات على القنوات الفضائية.

3- يخرجون عادة إلى المقاهي ويقابلون الأصدقاء أو يزورون الأقارب.

4- يسهر بعض أفراد الأسرة في رمضان ليدرس أو يقرأ الجرائد أو يشاهد التلفزيون.

5- تتوقف الجامعات عن الدراسة، وتكون ساعات العمل أقل للموظفين في شهر رمضان.

Q/52

1- إعداد / يعد
2- يعود
3- يسهر
4- كذلك
5- يتناول

Q/53

مرحبا أحمد،
هذا الصيف سأذهب إلى بيروت في عطلة، وستكون في رمضان. أرجو المساعدة في الإجابة على هذه الأسئلة:

1- هل يمكن لغير المسلمين أن يأكلوا ويشربوا في النهار في رمضان؟
2- متى تفتح البنوك والمكاتب في شهر رمضان؟
3- كيف يقضي الأطفال النهار في رمضان؟
4- ما هي البرامج التلفزيونية التي يحبها الناس أكثر في ليالي رمضان؟
5- بماذا تنصحني قبل السفر إلى بيروت؟

Q/54

1- بعد التخرج هل تريد أن تعمل في الشرق الأوسط؟
2- من هواياتي المفضلة السباحة وكرة القدم والموسيقى.
3- إذا شعرت بالألم، يجب أن تذهب إلى الطبيب.
4- الدكتورة نادية تدرس في قسم العلوم السياسية.
5- حصل محمود على وظيفة جديدة في لندن.
6- لا أفطر عادة، لكن أتناول القهوة في المكتب.
7- نشاهد البرامج الرياضية غالبا في نهاية الأسبوع.

Q/55

1- أنا من اليابان.
2- شربت قهوة اليوم.
3- الاجتماع في الطابق الأول في الغرفة رقم (7).
4- قرأت الجريدة الليلة الماضية.
5- نادر كسر الشباك.
6- رجعت إلى البيت مشيا.
7- جلست في الطابق الثاني بجانب الشباك.
8- خرجنا إلى وسط المدينة الأسبوع الماضي.
9- ذهبت إلى السوق اليوم لأشتري بعض الفواكه والخضروات.
10- لا أعمل. أنا طالب.
11- الجو اليوم غائم قليلا.
12- لا، لم أغسل الأطباق.... آسف!
13- الامتحان الأسبوع القادم.
14- أدرس العلوم السياسية في الجامعة.
15- هذا القميص بعشرين جنيها.
16- اشتريت هذا الكتاب من السوق القديم.
17- ------------. 18- تعمل الممرضة عادة في المستشفى.
19- نظفت المطبخ اليوم صباحا.
20- الساعة الثانية والنصف ظهرا.
21- أحب درس التاريخ، لأنه ممتع.
22- طبخنا السمك والبطاطا المقلية في الغداء.
23- سافرت إلى أمريكا اللاتينية في الصيف.
24- سأدرس للحصول على شهادة الدكتوراه.
25- تعلمنا العربية في جامعة عمان في الأردن.

Q/56

1- أحب <u>الرجوع</u> إلى البيت مشيا.
2- نريد <u>طبخ</u> السمك للعشاء الليلة.
3- في الصيف أفضل <u>السكن</u> في مدينة قريبة من البحر.
4- هل تريدون <u>قراءة</u> هذه القصة؟
5- لا أحب <u>شرب</u> القهوة في الفطور.
6- أين تفضلون <u>زراعة</u> هذه الشجرة؟
7- لا يمكن <u>التدخين</u> في هذا المكان.
8- هل تريدون <u>معرفة</u> من نجح في الامتحان؟

Q/57

1- السياح عادة <u>يشترون</u> الهدايا من الأسواق.
2- أدرس العربية <u>لكي</u> أعمل في الشرق الأوسط.
3- في رأيي، روما <u>أجمل</u> مدينة في أوربا.
4- أستمع <u>إلى</u> الموسيقى غالبا في المساء.
5- الفلافل أكلة معروفة ويحبها <u>كثير</u> من الناس.
6- جلست في المكتبة <u>حتى</u> الساعة التاسعة مساءا.
7- الحمد لله، <u>أكملت</u> كل الامتحانات.
8- في السنة <u>اثنا عشر</u> شهرا.
9- مدينة حلب <u>ثاني</u> أهم مدينة في سورية بعد دمشق.
10- لبست زينب الفستان <u>الأخضر</u> في الحفلة.

Q/58

في المطعم

الزَّبون: مرحبا.
العامِل: مرحبا. أهلا وسهلا... تفضل.
الزبون: شكرا.
العامل: أية خدمة؟ ماذا تحب أن تشرب؟
الزبون: ماذا عندكم؟
العامل: عندنا عصير برتقال وعصير تفاح وعندنا أيضا كولا وخمر وبيرة.
الزبون: شكرا ... أريد عصير التفاح من فضلك.
العامل: طيب.. وماذا تحب أن تأكل؟
الزبون: أين قائمة الطعام، من فضلك؟
العامل: تفضل... هذه قائمة الطعام.
الزبون: أحب أن آكل السمك المشوي مع السلطة والحمص، من فضلك.
العامل: طيب، هل تريد شيئا آخر؟
الزبون: نعم، هل عندكم خبز عربي؟
العامل: نعم، عندنا خبز عربي وتركي وفرنسي.
الزبون: شكرا، أريد بعض الخبز العربي، من فضلك.
العامل: طيب، هل تريد شيئا آخر بعد الغداء؟
الزبون: نعم، أحب أن أشرب قهوة، من فضلك.
العامل: قهوة بالحليب والسكر؟
الزبون: بالحليب، لكن بلا سكر، من فضلك.
العامل: طيب. ....
الزبون: الحساب من فضلك.
العامل: تفضل. الحساب عشرة جنيهات من فضلك.
الزبون: تفضل... شكرا..الطعام كان شهيا!. مع السلامة.
العامل: شكرا ... مع السلامة.

Q/59

1- درس عمر الشريف في الإسكندرية.
2- عندما قابل المخرج العالمي ديفد لين، وعمل معه في بعض الأفلام.
3- رجع إلى مصر بعد أن خسر أمواله على موائد القمار.
4- عمل عمر الشريف بعد رجوعه إلى مصر في بعض البرامج التلفزيونية.
5- مات بعد مرض طويل في العاشر من تموز/يوليو 2015.

Q/60

1- خاطئة. كان والد عمر الشريف تاجر أخشاب.
2- خاطئة. حصل على الجنسية المصرية، لأن والديه حصلا عليها قبل ذلك.
3- خاطئة. أصبح عمر الشريف مشهورا في العالم بعد فلم (لورنس العرب).
4- خاطئة. في عام 1962 رشح عمر الشريف لجائزة الأوسكار.
5- خاطئة. خسر عمر الشريف أمواله في القمار.
6- صحيحة.

Q/61

1- طفولته ودراسته
2- نجاحه في السينما
3- الشخصيات التي مثلها
4- عودته إلى مصر
5- الأشياء التي حصل عليها في السينما
6- نهاية حياته

Q/62

1- أكمل

B- to finish

2- قابل

A- to meet

3- فقد

B- to lose

4- ظهر

A- to appear

5- رُشّح

A- to be nominated (shortlisted)

6- تُوفّي

B- to die

Q/63

1- أكملت دراستي في الجامعة قبل سنتين.
2- أقابل أصدقائي عادة بعد الدروس في الجامعة.
3- لم يسافر أخي يوم الاثنين، لأنه فقد جواز سفره.
4- يظهر القمر الجديد (الهِلال) في بداية كل شهر هجري.
5- رُشّح خمسة أشخاص لهذه الوظيفة.
6- تُوفّيت جدتي عندما كنت صغيرا.

Q/64

1- لم أدرس اللغة العربية في جامعة عمان.
2- لم يجلس أخي في الحديقة اليوم.
3- لم تعمل أمي يوم السبت.
4- لم تسكن أسرة صديقي في هذا البيت.
5- لم يخرج الأطفال من المدرسة ظهرا.
6- لم نسافر إلى الشرق الأوسط هذه السنة.
7- لم يشارك كل الطلاب في الحفلة.
8- لم تنظف البنت غرفتها هذا الصباح.
9- لم يساعد الأطفال أمهم في ترتيب البيت.
10- الأصدقاء لم يطعموا الحيوانات في الحديقة.

Q/65

1- البحر <u>الأحمر</u> بين قارة آسيا وقارة إفريقيا.
2- المسجد <u>الأزرق</u> مشهور جدا في إسطنبول.
3- يسكن الرئيس الأمريكي في البيت <u>الأبيض.</u>
4- الصيف الماضي ذهبنا إلى البحر <u>الأسود</u> شمال تركيا.
5- النهر <u>الأصفر</u> في الصين.
6- <u>الأخضر</u> هو لون الخضراوات عادة.
7- ألوان العلم السوداني هي <u>الأبيض والأسود والأحمر والأخضر.</u>
8- لوني المفضل هو <u>الأزرق.</u>

Q/66

1- Zeinab always helps her mother in housework.
2- The Moroccan ambassador met the minister of economy.
3- This is the oldest palace in the city.
4- What is the temperature today in Sana?
5- I feel so tired, because I did not sleep well last night.

Q/67

أقلام - رجال - كُتُب - سيارات - أولاد - صور - جبال - مهندسون

دراجات - كلاب - فصول - أوقات - مطاعم - بحار(بحور) - مكاتب - بيوت

بنوك - فنادق - قلوب - ممرضات - أنهار (أنهُر) - مصانع - نجارون - علب

أسواق - أساتِذة - جمال - مكتبات - تلفونات - سوريون - أعمال - بلاد (بُلدان)

قصور - شجر (ات) - ولايات - ملوك - دروس - بنات - مدن - علوم

Q/68

1- لأنه ثلاثة أيام، بينما عيد الأضحى أربعة أيام.
2- الطلاب يأخذون عطلة أيام العيد، وتغلق المدارس والجامعات في العيد.
3- يخرجون إلى الأسواق والمطاعم وأماكن الاستمتاع مثل الحدائق والسينما لقضاء أيام العيد هناك مع الأقارب والأصدقاء.
4- تنظيف البيت وترتيبه وإعداد حلويات العيد وتجهيز الملابس الجديدة.
5- يهنئون المسلمين بالعيد، لأن المسلمين يشاركونهم في عيد الميلاد وغيره.

Q/69

مرحبا سارة،

كل عام وأنت بخير. أرجو أن تكوني وكل أسرتك بخير وصحة جيدة. عندي بعض الأسئلة عن العيد، وهي:

1- ما هو الطعام المفضل في العيد في مدينتك؟
2- كيف يقضي كبار السن أيام العيد؟
3- هل هناك هدايا في العيد مثل عيد الميلاد عندنا في شهر ديسمبر، ولمن تُقَدّم؟

شكرا، ومع السلامة.

Q/70

1- يمتاز
A- to be distinguished

2- رسمية
B- official

3- تعطل
C- to take a break

4- الاستمتاع
B- to enjoy

5- عادات
A- customs

6- ضروريات
C- necessities

7- استعداد
A- readiness

Q/71

1- يمتاز فصل الصيف بالجو المشمس والحار.
2- اليوم الأول من السنة الجديدة عطلة رسمية في كل العالم.
3- تعطل المدارس والجامعات يوم الجمعة في معظم البلاد العربية.
4- أقرأ القصص للاستمتاع بها.
5- ما هي أهم عادات الناس في الصيف في بلدك؟
6- الفواكه والخضروات من ضروريات الطعام.
7- يجب على الطلاب الاستعداد جيدا للامتحانات.

Q/72

1- هل قرأتم المقالة الجديدة التي نشرت في جريدة الشرق الأوسط؟
2- البارحة تكلمت مع أصدقائي الذين درسوا معي في الجامعة.
3- متى ستذهبون إلى المطعم الجديد الذي يقع في شارع بيروت؟
4- سارة وليلى هما المحاسبتان اللتان تعملان في البنك الجديد.
5- هل عرفتم من نجح في الامتحان؟
6- تعرفت على الطالبات الجديدات اللاتي يدرسن في الكلية.
7- لا نأكل الأطعمة التي ليست فيها فيتامينات.
8- هل قرأت الكتاب الذي اشتريته من المكتبة؟
9- فعلت ما طلبته مني.
10- أحمد وزيد هما الصديقان اللذان يسكنان معي في البيت.

Q/73

في مدينة دبي هناك سوق كبير في وسط المدينة. يذهب الناس إلى هذا السوق غالبا في نهاية الأسبوع. في السوق مطاعم ومكاتب ومحلات كثيرات (كثيرة). الناس يذهبون إلى السوق بالباصات أو السيارات أو القطارات، ولكن بعضهم يذهب مشيا، بسبب (لأن) السوق قريب من بيوتهم. يشترون (يشترى) الناس من السوق الملابس والكتب والمجلات والفواكه والخضراوات وغيره (وغيرها). هناك مطاعم مختلفة في هذا السوق مثل المطاعم الإيطالية والهندية والصينية والعربية. أحب مدينة دبي جدا (كثيرا)، وخاصة في الشتاء.

Q/74

مدينة صيدا

صيدا مدينة تاريخية من أقدم مدن العالم. تقع في جنوبي لبنان على البحر المتوسط، وتبعد 45 كلم عن العاصمة بيروت. وهي ثالث أكبر المدن اللبنانية. ومن آثارها المهمة القلعة والجامع الكبير، عدد السكان في صيدا 250 ألفا، وهي مدينة مهمة للسياح العرب والأجانب. وصيدا مشهورة بالليمون والبرتقال. في مطاعم صيدا يأكل الناس عادة (الصيادية) وهي أكلة لبنانية شهية، ويشربون الشاي العربي.

Q/75

1- Dr. Suad teaches political science at this university.
2- I visited the British museum first, five years ago.
3- I will work for the UN next year and it will be a great experience.
4- In the evening, we watched an interesting comedy film and laughed a lot.
5- Employees usually prefer to take their annual leave during Christmas.
6- Visits are not allowed after 11pm.

Q/76

في مكتب السفر

الزبون: مرحبا
الموظفة: مرحبا: تفضل .... أية خدمة؟
الزبون: شكرا... أريد أن أحجز تذكرة من فضلك.
الموظفة: إلى أين تريد السفر؟
الزبون: إلى ماليزيا ... كوالا لامبور من فضلك.
الموظفة: طيب... متى تريد السفر؟
الزبون: أريد السفر الشهر القادم.
الموظفة: كم شخصا سيسافر في الرحلة؟
الزبون: أربعة أشخاص.
الموظفة: هل كلكم كبار؟
الزبون: لا، ثلاثة كبار وطفل صغير.
الموظفة: طيب. كم يوما ستبقون في ماليزيا؟
الزبون: أسبوعين.
الموظفة: أية خطوط طيران تفضلون؟
الزبون: ليست مشكلة.
الموظفة: هل تريدون رحلة مباشرة أم (أو) غير مباشرة؟
الزبون: هل هما بنفس السعر؟
الموظفة: لا، الرحلة المباشرة عادة تكون أغلى.
الزبون: بكم الرحلة المباشرة وغير المباشرة، من فضلك؟
الموظفة: الرحلة المباشرة بألف دولار لكل شخص، والرحلة غير المباشرة بسبعمئة دولار لكل شخص، لكن يجب أن تغيروا في مطار دبي وتنتظروا لثلاث ساعات.
الزبون: إذن، نأخذ الرحلة المباشرة! كم تأخذ الرحلة إلى ماليزيا، من فضلك؟
الموظفة: عشر ساعات ونصف تقريبا.
الزبون: طيب... كم الحساب، من فضلك؟
الموظفة: أربعة آلاف دولار، من فضلك.
الزبون: هل يمكن أن أدفع ببطاقة الاعتماد؟
الموظفة: نعم بالتأكيد! .... شكرا، ورحلة سعيدة!
الزبون: شكرا جزيلا ... مع السلامة.
الموظفة: مع السلامة.

Q/77

1- خاطئة. المحيط الأطلسي في شمال وغرب المغرب.
2- صحيحة.
3- خاطئة. يذهبون إليها من أجل البحث في أسواقها عن التحف والصناعات الجلدية والأشياء الأثرية.
4- صحيحة.
5- خاطئة. في المغرب هناك بحر ومحيط للذين يحبون الصيد.

Q/78

1- حدود المغرب هي المحيط الأطلسي والبحر الأبيض في الشمال، وموريتانيا ومالي في الجنوب، والجزائر في الشرق، والمحيط الأطلسي في الغرب.
2- لا، يتكلم الناس في المغرب اللغة العربية والأمازيقية.
3- يفضل السياح الذهاب إلى الأسواق والمطاعم المغربية المشهورة، وإلى البحر والصحراء والجبال.
4- أشهر الأطعمة في المغرب هي الكسكس والطاجين والحريرة.
5- لأن المغرب فيه مكان لكل سائح، وهذه الأشياء ليست موجودة في كل مكان في العالم.

Q/79

1- خمس قصص
2- ثماني عشرة سنة
3- تسعة وعشرون يوما
4- مدرستان
5- ثلاث ليالٍ
6- خمس وخمسون جامعة
7- مئة طالب
8- ثلاث مئة (ثلاثمئة) وستة وستون يوما
9- مئة وثمانون درجة
10- اثنا عشر درسا
11- ألف شجرة
12- مدينة (واحدة)

Q/80

1- لن أذهب إلى الحفلة، لأنها غالية جدا.
2- هذه الأسواق جميلة.
3- الناس النباتيون لا يأكلون اللحم أبدا.
4- أساعد أختي في دروسها في المساء عادة.
5- أبي يعمل كل أسبوع من يوم الاثنين حتى الجمعة.
6- لا أعرف من يسكن في هذه الشقة.
7- لغتي الإسبانية ليست جيدة، لذلك لا أستطيع أن أقرأ الجرائد الإسبانية.
8- جلست في المكتبة قليلا ثم ذهبت إلى المطعم.
9- أستمع إلى الموسيقى عادة في المساء.
10- أريد السفر إلى دبي في الشتاء.

Q/81

1- يا أولاد، كم قصة قرأتم هذا الشهر؟
2- يدرس الطلاب اللغة العربية في جامعة الرباط.
3- متى زار رئيس الوزراء هذه الجامعة؟
4- أساعد إخوتي الصغار دائما في واجباتهم.
5- نفضل شرب القهوة في الفطور.

Q/82

1- الطالب حفظ الكلمات الجديدة للدرس في المساء.
2- الممرضتان تعملان خمسة أيام في المستشفى.
3- الأطفال يخرجون إلى الحديقة في نهاية الأسبوع.
4- أولادي كلهم درسوا في هذه المدرسة.
5- الموظفات لا يتركن المكتب قبل الساعة السادسة مساءا.
6- نحن سكنا في بيتنا القديم لأربع سنين.
7- الأسواق تفتح عادة الساعة التاسعة صباحا.
8- كثير من الطلاب يشارك (يشاركون) في حفلات الجامعة.
9- أبي وأمي لن يسافرا إلى الشرق الأوسط هذه السنة.
10- الناس لم يعرفوا أن القطار سيتأخر اليوم.

Q/83

1- لأن الزائر لهذا الشارع يشعر أنه في إحدى المدن العربية.
2- يرى الزائر الأسواق والمحلات العربية التي تعرض البضائع العربية من الأطعمة والمشروبات والصحف والمجلات والأزياء.
3- تغلق المطاعم والمقاهي في وقت متأخر ليلا في الصيف.
4- يكون مزدحما في الصيف، لأن الجو يكون عادة دافئا ومشمسا في لندن، ويقدم إليها كثير من السياح العرب وغير العرب.
5- ينزل السياح العرب عادة في الفنادق والشقق القريبة من الشارع وبعضهم يمتلكون شققا في مدينة لندن.

Q/84

1- تعرض

B- to display

2- تشمّ

C- to smell

3- سائد

A- dominant

4- أصيل

C- classical

5- يبقى

B- to stay

6- يقدُم (إلى)

B- to come

Q/85

زيارة لمراكش

مراكش مدينة قديمة في المغرب. هي صغيرة، لكنها جميلة جدا. ليس فيها نهر، لكنها ليس (ليست) بعيدة عن البحر. في المدينة شارع طويل اسمه شارع محمد الخامس، وفي وسطها سوق قديم ومشهور. لدي صديق الذي(...) من هذه المدينة اسمه سامي، وهو طالب جامعي يدرس الفلسفة. السنة الماضية ذهبت إلى مراكش بالطائرة، وزرت إلى(...) بيت صديقي سامي في شرق المدينة. في اليوم الثاني ذهبنا إلى وسط المدينة وأكلنا في مطعم مغربي الكسكس والطاجين وشربنا عصير برتقال. اشتريت حقيبة أسود (سوداء) وقميصا من السوق القديم. بعد الأسبوع (أسبوع) رجعت من المغرب وكتبت رسالة إلكترونية لصديقي سامي وقلت له: شكرا جزيلا.

Q/86

1- حضرت المحاضرة، لكني لم أفهم (منها) كل شيء.

2- هل تستيقظون مبكرين كل يوم؟

3- عندما يكون الجو مشمسا، الكل يذهب (يذهبون) إلى الحدائق.

4- تسافر زميلتي إلى الشرق الأقصى مرتين في السنة.

5- سنحتفل بليلة السنة الجديدة في شقة صديقي.

6- مات جدي عندما كان عمري أحد عشر عاما (إحدى عشرة سنة).

Q/87

1- بدأ الإنسان السفر منذ القدم، من أجل البحث عن الماء أو الطعام أو السكن.

2- كان يستخدم في البداية في سفره بعض الحيوانات في البر كالجمل والحصان والحمار، وبعدها القارب والمركب والسفينة في البحر.

3- يقضي المسافرون للراحة أوقاتهم عادة في الجلوس على الشاطئ أو في مسبح الفندق.

4- يسافر الناس إلى بلاد الشرق أو الغرب للتعرف على عادات الشعوب وتقاليدها.

5- نعم، أصبح السفر تجارة في العصر الحديث، وتنظم شركات السياحة رحلات إلى بلاد مختلفة في كل فصول السنة.

6- نحب السفر الذي نتعرف فيه على عادات الشعوب وتقاليدها، لأنه يزيد من معرفتنا بالآخرين.

Q/88

1- خاطئة. بدأ الإنسان السفر منذ البداية (قبل صناعة السفن والقوارب).
2- خاطئة. من يسافر لزيارة الأصدقاء يبقى في ذلك البلد لأيام أو أسابيع قليلة.
3- صحيحة.
4- خاطئة. السياح غالبا يفضلون مطاعم البلد التقليدية.
5- صحيحة.
6- خاطئة. شركات السياحة ترتب الإجازات في كل فصول السنة.

Q/89

في الفندق

الزبون: مرحبا
الموظفة: مرحبا... أية خدمة؟
الزبون: هل هذا فندق (هيلتون)؟
الموظفة: نعم. أية خدمة.
الزبون: من فضلكِ، أريد أن أحجز غرفة.
الموظفة: غرفة لشخص أو لشخصين؟
الزبون: لشخص، من فضلكِ.
الموظفة: كم ليلة ستبقى، ياسيدي؟
الزبون: خمس ليالٍ.
الموظفة: متى ستصل، ياسيدي؟
الزبون: سأصل يوم الخميس الساعة الواحدة ظهرا.
الموظفة: طيب. الغرفة ستكون جاهزة ياسيدي.
الزبون: بكم الغرفة لكل ليلة، من فضلكِ؟
الموظفة: هل تريد غرفة على البحر أم (أو) على الشارع؟ الغرفة على البحر بمئة دولار، وعلى الشارع بتسعين دولارا لكل ليلة.
الزبون: غرفة على البحر، من فضلك.
الموظفة: في أي طابق، ياسيدي؟
الزبون: في الطابق العشرين من فضلك.
الموظفة: آسفة سيدي، هذا الطابق كله محجوز في ذلك اليوم. عندنا غرفة في الطابق التاسع عشر. هل تريد هذه الغرفة؟
الزبون: نعم، من فضلك. هل وجبات الطعام مجّانية في الفندق؟
الموظفة: وجبة الفطور مجّانية، لكن يجب أن تدفعوا للغداء أو العشاء.
الزبون: طيب. كم المجموع، من فضلك؟
الموظفة: 500 دولار.
الزبون: طيب. هل يمكن أن أدفع ببطاقة الاعتماد أم (أو) نقدا؟
الموظفة: كما تحب.
الزبون: شكرا. سؤال أخير. هل هناك خدمات إنترنيت في الفندق؟
الموظفة: نعم، هناك خدمات إنترنيت في كل الغرف في الفندق.
الزبون: شكرا، وأراكم يوم الخميس. مع السلامة.
الموظفة: شكرا. مع السلامة.

Q/90

1- في الأسبوع <u>سبعة أيام</u>.
2- البناية مكونة من <u>اثني عشر طابقا</u>.
3- عمري <u>تسع عشرة سنة</u>.
4- في السنة <u>أربعة فصول</u>.
5- كنت في الاجتماع قبل <u>ساعة</u>.
6- تتكلم أختي <u>ثلاث لغات</u>.
7- في الشهر الهجري <u>تسعة وعشرون</u> أو <u>ثلاثون يوما</u>.
8- جامعة القرويين بنيت منذ أكثر من <u>ألف سنة</u>.
9- في هذا الصف <u>خمسة طلاب وست طالبات</u>.
10- عندي <u>طفلان</u>، ولد وبنت.
11- أقرأ <u>عشرة كتب</u> كل سنة تقريبا.
12- أحتاج إلى <u>مئة جنيه</u> لأشتري تذكرة القطار.

Q/91

1- Last week, we celebrated my friend's birthday at an Italian restaurant.
2- I would like to live in Paris, because it is a beautiful and historical city and has many museums.
3- We spend week-ends in reading, going to the cinema or meeting friends.
4- The first house we lived in was in the south west of London.
5- I will sell my old car this month to buy a new one.

Q/92

1- جميع الحيوانات حضرت السباق، وكان في الغابة.
2- بدأ السباق من خط البداية في الصباح.
3- قرر الأرنب أن يستريح، لأنه ظنَّ أن السلحفاة لن تستطيع أن تكمل السباق.
4- استيقظ الأرنب بعد ساعة، وبحث عن السلحفاة.
5- فهمنا من القصة أن لا نهزأ بالآخرين حتى لو كانوا أضعف منا.

Q/93

1- خاطئة. في منتصف السباق نام الأرنب قليلا.
2- خاطئة. لم تترك السلحفاة السباق، واستمرت حتى النهاية.
3- خاطئة. عندما استيقظ الأرنب كانت السلحفاة قريبة من نهاية السباق.
4- خاطئة. في النهاية وصلت السلحفاة أولا إلى نهاية السباق.
5- صحيحة.
6- غير مذكورة في القصة.

Q/94

1- مغرور — **B- arrogant**

2- الجري — **A- jogging**

3- انطلق — **C- to kick off**

4- بطيئة — **A- slow**

5- ملل — **A- boredom**

6- استيقظ — **B- to wake up**

7- مغزى — **C- moral**

8- يهزأ — **B- to mock at**

Q/95

1- المغرور هو من يرى نفسه أكبر من الآخرين.

2- أحب الجري عادة في المساء.

3- مباريات كرة القدم ستنطلق اليوم الساعة الثالثة ظهرا.

4- العمل بطيء جدا في هذا المشروع!

5- لا نشعر بالملل أبدا مع الأسرة والأصدقاء.

6- متى تستيقظون عادة، يا أولاد؟

7- هل عرفتم المغزى من هذه القصة؟

8- مَن يهزأ بالآخرين لا يحبه أحد.

Q/96

1- تُقرأ القصةُ في الدرس كل أسبوع.

2- يُؤخَذ الدواءُ مرتين في اليوم.

3- سُرِقت الحقيبةُ من المحل.

4- تُدرَّس اللغةُ العربيةُ في جامعة كامبردج.

5- تُزار المتاحفُ الجميلةُ عادة.

6- كُتِبَت أسماءُ الموظفين في قائمة الحضور.

Q/97

1- زوجة أحمد تعمل في شركة كبيرة، <u>لذلك</u> تسافر كثيرا.
2- العام الماضي <u>تعلمت</u> الألمانية.
3- أنا تعبانة جدا، لأني عملت <u>كل</u> الأسبوع.
4- أبي <u>ينزل</u> في فندق عندما يذهب إلى القاهرة.
5- أنا دائما <u>أشارك</u> زملائي في تحضير الواجبات.
6- لا أحب السفر إلى المغرب في الصيف <u>بسبب</u> الجو الحار.
7- قرأت معظم الكتب <u>التي</u> أخذتها من المكتبة.
8- لا أقرأ الجريدة عادة، لكن <u>أستمع</u> إلى الراديو وأعرف الأخبار.
9- في المساء جلست في المكتبة <u>قليلا</u> ثم رجعت إلى البيت.
10- <u>التحقنا</u> بالجامعة قبل سنتين.

Q/98

1- سافرت إلى الأردن <u>ل</u>أدرس اللغة العربية.
2- لم تأكل أختي الفطور، <u>لأنها</u> تأخرت عن المدرسة.
3- نزلنا في هذا الفندق، <u>لأنه</u> جميل ورخيص أيضا.
4- لم أشارك في الاجتماع <u>بسبب</u> المرض.
5- جلس الطلاب في الصف <u>للاستماع</u> للمحاضرة.
6- لا نشرب الكوكا كولا، <u>لأنها</u> غير مفيدة للصحة.
7- لم ينجح أخي في الامتحان، لأنه لم يدرس جيدا.
8- لن أخرج إلى السوق الآن <u>بسبب</u> المطر الشديد.
9- لا تفتح المدارس يوم الأحد في أوربا، <u>لأنها</u> عطلة نهاية الأسبوع.
10- أزور الشرق الأوسط دائما <u>ل</u>أرى عائلتي وأصدقائي.

Q/99

1- هل زرت (ذهبت إلى) المتحف البريطاني (من قبل)؟
2- يدرس الطلاب الأدب العربي في جامعة عمان.
3- أخذت صورا جميلة كثيرة في عطلتي الماضية.
4- متى كانت آخر حفلة حضرتها، وما المناسبة؟
5- نحب أن نعيش في الريف في المستقبل.
6- أذهب إلى المسبح عادة مرتين في الأسبوع.

Q/100

في المطار

أنا أحمد عبد الكريم وأنا من لندن. قبل ثلاثة أسابيع كنت في إسبانيا، وحين عودتي إلى لندن جلست في المطار الساعة الثالثة صباحا أنتظر طائرة العودة إلى لندن التي كانت في الصباح المبكر.

وبينما كنت أقرأ الجريدة، جاءني رجل وسألني هل تتكلم الإنكليزية؟ فقلت: نعم. قال: هل تستطيع مساعدتي؟ فقلت: بالتأكيد. قال: أريد الذهاب إلى مدينة مانجستر، ولكن مع الأسف أضعت التذكرة وأحتاج إلى 20 يورو لأشتري تذكرة جديدة، لأني لا أملك المبلغ الكامل للتذكرة.

شَكَكتُ في الأمر، فسألته: أليست معك بطاقة اعتماد! قال: أضعتها أيضا. ازداد شكي، فسألته: متى موعد الطائرة إلى مانجستر؟ قال: بعد ثلاث ساعات. سألته: من أين ستشتري التذكرة، وليس هناك مكتب سفر مفتوح الآن؟ فأشار إلى أحد المكاتب وقال: هذا المكتب سيفتح بعد ساعة.

سألته: بكم التذكرة؟ فقال: التذكرة بمئتي يورو. قلت له: هذا غالٍ جدا! يمكن أن نبحث في الإنترنيت عن سعر أرخص، وبدلا من أن أعطيك عشرين يورو، سأجعلك توفر أكثر من عشرين يورو!

قال: ولكن ليس عندي وقت، لأن موعد الطائرة بعد ثلاث ساعات. فقلت له: طيب، سأجلس هنا وعندما يفتح المكتب، يمكنك أن ترجع إليّ وسأسحب لك المبلغ من البنك الآلي، فليس معي عشرون يورو الآن.

بعد ساعة، لم يرجع الرجل ولم يفتح المكتب، وعندما بحثت في شاشة الرحلات المغادرة، لم تكن هناك رحلة إلى مانجستر في ذلك الوقت، فعلمت أن في هذا الزمن كل شيء يتطور حتى الاحتيال.

Q/101

1- لأن له قدرات عظيمة على المشي لمسافات طويلة فوق التلال الرملية وسط الصحراء التي يقل فيها الماء والزرع وتكثر فيها الرياح والعواصف الرملية.

2- ترفع جسم الجمل بعيدا عن حرارة الرمال الشديدة، كما تساعده على أن يمشي بسهولة فوق الرمال الناعمة وفوق الصخور الصلبة دون الشعور بأي تعب أو ألم.

3- يتميز الجمل عن بقية الحيوانات بوجود السنام على ظهره، وللجمل سنام واحد أو سنامان. فائدته هي أنه يساعد الجمل على تحمّل الجوع والعطش، كما أنه يحمي جسمه من حرارة الشمس.

4- لأنه يستطيع أن يحفظ الماء في جسمه لوقت طويل، ولأنه يتناول نباتات خضراء غنية بالماء.

5- الإنسان يستخدم الجمل في السفر ونقل الأمتعة، كما يستخدم الجمل في الجيش والشرطة. وتستخدم بعض الجمال في مسابقات الجري. كذلك يستفيد الإنسان من لحمها ولبنها في طعامه، ومن وبرها وجلودها في صنع الثياب والفرش وغيرها.

Q/102

1- قدرات

A- abilities

2- التلال الرملية

B- sandy hills

3- ارتفاع

C- high (n)

4- الصخور

A- rocks

5- سنام

A- hump

6- يميز

A- to distinguish

7- تحمل

C- to bear

8- يحمي

A- to protect

9- وبر

C- wool

10- يستخدم

A- to be used

Q/103

1- للأطفال قدرات عظيمة على تعلم اللغات.
2- التوابل الحارة تميز الطعام الهندي.
3- لا أستطيع تحمل هذا الجو الحار!
4- الفواكه والخضراوات تحمي الإنسان من كثير من الأمراض.
5- يستخدم كثير من الناس في العالم القطارات يوميا.

Q/104

الجمل العربي	الجمل الآسيوي
1- له سنام واحد.	1- له سنامان.
2- يعيش في الشرق الأوسط (الجزيرة العربية وشمالي أفريقيا).	2- يعيش في آسيا (شمالي الصين ومنغوليا وأفغانستان).
3- أصغر وزنا وأقل قوة.	3- أكبر وزنا وأشد قوة.
4- أرجله أطول وسرعته أكثر.	4- أرجله أقصر وسرعته أقل.

Q/105

1- في أيام الطفولة كنت <u>أعيش</u> مع جدي وجدتي في الصيف.
2- عائلتي صغيرة، لي أخ واحد <u>فقط</u>.
3- روميو وجولييت قصة <u>عاطفية</u>.
4- ما زلت <u>أراسل</u> أصدقائي الذين درسوا معي في الجامعة.
5- في <u>رأيي</u>، العمل ممل في هذه الشركة.
6- <u>أحتاج</u> إلى مساعدة زملائي في هذا المشروع.

Q/106

1- Dr. Ahmed has been teaching the international law at London School of Economic and Political Science (LSE) for two years.
2- The Lebanese Trade Minister met his Chinese counterpart to discuss the common relationships between their countries.
3- I will work for a human right organization and it will be a useful experience.
4- How did you find the book I told you about a month ago?
5- I think the Psychology Exam has been postponded to next week.

Q/107

عطلتي الماضية

الشهر الماضي ذهبت إلى تونس مع صديقتي سارا لأربعة أيام، ونزلنا في فندق جديد وجميل في وسط المدينة، ورخيص أيضا. الجو كان حارا ومشمسا. في اليوم الثاني ذهبنا إلى البحر وأخذنا رحلة قصيرة بالقارب. رجعنا في المساء وأكلنا العشاء في مطعم الفندق. كنت تعبانة جدا، فذهبت إلى النوم بعد العشاء. في اليوم الثالث أكلنا الفطور في مطعم قريب من الفندق، ثم ذهبنا إلى وسط المدينة وزرنا المتحف الوطني فيها. السياح عادة يزورون هذا المتحف وينزلون في فندق قريب منه. سعر تذكرة الدخول عشرة جنيهات تقريبا لكل شخص. بعد ذلك ذهبنا إلى سوق المدينة، وهو سوق كبير وجميل، حيث تباع فيه الملابس والأطعمة والمشروبات والكتب والمجلات وغيرها. اشتريت فستانا عربيا تقليديا وحقيبة جميلة، واشترت سارا نفس الفستان وقميصا أخضر. في اليوم الأخير تناولنا الفطور في الفندق ثم أخذنا التاكسي إلى المطار وعدنا إلى لندن.

الرحلة كانت ممتعة جدا!... أحب تونس كثيرا!

Q/108

1- خاطئة. زفة العيد تكون في اليوم الذي يسبق يوم العيد.
2- خاطئة. يقول سليمان: إن زفة العيد مازالت موجودة في السودان، لكن بدأت تختفي.
3- خاطئة. تشعل الأم البخور في كل البيت لتحمي البيت من الشر.
4- خاطئة. يلبس الرجال ملابس بيضاء في صباح أول أيام العيد.
5- خاطئة. يكون الغداء في أول أيام العيد في السودان عادة في بيت الرجل الأكبر سنا في الحي أو المنطقة.
6- صحيحة.

Q/109

1- فعالية
A- activity

2- تطوف
C- to wander

3- الفنون التراثية
A- traditional arts

4- تختفي
A- to disappear

5- تقاليد
B- traditions

6- مراسم
C- ceremony

7- تشعل
C- to ignite

8- يعتقد
A- to be believed

9- يضيف / يضاف
B- to add / be added

Q/110

1- القمر يطوف حول الأرض.
2- سافرنا بالقطار.. وبعد دقائق تحرك ثم اختفت المدينة عنّا شيئا فشيئا.
3- احتفلنا ليلة أمس بعيد ميلاد صديقتنا وأشعلنا الشموع في كل البيت.
4- لا أعتقد أن الامتحان سيكون صعبا.
5- يضاف قليل من السكر عادة إلى الشاي أو القهوة.

Q/111

1- أحب الاستماع إلى المحاضرات <u>التي</u> تتكلم عن السياسة في الشرق الأوسط.
2- القارئ الجيد هو مَن (<u>الذي</u>) يقرأ كتابا على الأقل كل شهر.
3- عندي <u>صديق يعمل</u> في شركة مايكروسوفت.
4- هؤلاء هن البنات <u>اللاتي</u> يعملن في مصنع الملابس الجديد.
5- في جامعتنا أساتذة <u>متخصصون يدرسون</u> في كل الأقسام.
6- الطبيبان الجديدان <u>اللذان</u> يعملان في المستشفى أستراليان.
7- السباحة رياضة <u>تفيد</u> الجسم كثيرا وهواية ممتعة أيضا.
8- سمعت عن <u>رجل ينام</u> خمس ساعات فقط في اليوم.
9- هل وجدت الكتاب <u>الذي</u> كنت تبحث عنه؟
10- كلنا نساعد الفقراء <u>الذين</u> يحتاجون فعلا إلى المساعدة.
11- لدي <u>سيارة تعمل</u> بالكهرباء.
12- لا أعرف <u>من</u> سيطبخ لنا العشاء الليلة!

Q/112

أبواب - أعوام - إخوة(إخوان) - أزواج - جرائد - شموس - رؤوس - نساء

حقائب - أبناء - تلفزيونات - وجوه (أوجه) - أعلام - دراهم - جنيهات - قُرىً

رسائل - نجوم (أنجم) - أرقام - أسود - أجداد (جدود) - لعب - سفراء - أخوات

أقمار - دجاج - مساجد – مفاتيح - قطارات - أسئلة - ورق - سنوات (سنين)

أمراض - شوارع - موائد - جسور - وُعود - ريالات - أخوال - قُمصان

آباء - عاملون (عُمّال) - صُحُف - مسابح - تفاح - أمَّهات - طُرُق - مخارج

Q/113

1- Children, you have only half an hour to complete your homework.
2- The post office is located on the western side of the new hospital.
3- We will take part in the university competition of volleyball and we hope we will win.
4- I learnt two languages at the language institute at the same tame and now I can speak both well.
5- It is not allowed to enter this club, because it is private.

Q/114

1- لا تدرُس في البيت في المساء.
2- لا تكتُبي لي رسالة كل شهر.
3- لا تحمِل الحقيبة، من فضلِك.
4- لا تأكلوا الخبز الأبيض دائما.
5- لا تجلِسوا، من فضلِكم.
6- لا تدرّسي الأطفال كل مساء.
7- لا تُنظّفوا البيت يوم الأحد.
8- لا تُساعِد الطالب الكسلان.
9- لا تُشاهِدا هذا الفلم غدا.
10- لا تُخرِجوا الكلب إلى الحديقة.

Q/115

1- بنيت القاهرة قبل أكثر من ألف سنة، وعدد سكانها عشرة ملايين نسمة تقريبا.
2- أهم أسباب التلوث هي استخدام السيارات القديمة وبناء المصانع داخل الأحياء.
3- فوائد الأشجار هي أنها تزوّد القاهرة بالهواء النقي وتعطيها منظرا جميلا.
4- قامت الحكومة المصرية بزرع المزيد من الأشجار في شوارع المدينة وإنشاء عدد من الحدائق العامة ونقل المصانع بعيدا عن مركز المدينة.
5- يمكن التقليل من مشكلة التلوث بتشجيع الناس على فهم أهمية المحافظة على البيئة عن طريق التلفزيون والإذاعة ووسائل التواصل الاجتماعي.

Q/116

B- to extend	1- تمتد
C- population	2- نسمة
A- to emit	3- تبعث
B- despite	4- على الرغم من
B- to provide	5- تزود
A- still	6- لا تزال
C- to suffer	7- تعاني

Q/117

1- أسكن مع أخي في <u>نفس البيت</u>.
2- <u>بعض الدروس</u> صعبة في هذه الكلية.
3- <u>بناية المتحف</u> تعود إلى سنة 1970.
4- سافرنا إلى عمان في <u>عطلة الربيع.</u>
5- نحن أصدقاء منذ <u>أيام الطفولة.</u>
6- هل سمعتم عن <u>موعد الامتحان</u> هذه السنة؟
7- حصل أخي على الماجستير في <u>طب الأسنان</u> قبل شهرين.
8- من هواياتي المفضلة <u>ركوب الدراجات.</u>
9- الدراسة المستمرة هي أهم <u>أسباب النجاح.</u>
10- لا تؤجل <u>عمل اليوم</u> إلى الغد!

Q/118

1- سأعمل في الأمم المتحدة السنة القادمة وستكون تجربة مفيدة.
2- أكملت أختي شهادة الدكتوراه في العلوم السياسية هذه السنة.
3- هل حجزت عطلتك (تذكرة الطائرة) لعيد الميلاد؟
4- بُنِيَ المتحف قبل خمسين سنة ويفتح كل يوم.
5- هل تحتاجون إلى بعض المال لتشتروا بيتا جديدا؟

Q/119

1- لم يقرأ (ما قرأ) الطالب الجريدة.

2- لا يدرس أخي في الجامعة الأمريكية.

3- أختي ليست مهندسة في شركة للسيارات.

4- في الصيف القادم لن نسافر إلى الشرق الأوسط.

5- ما كانت (لم تكن) الحفلة ممتعة / كانت الحفلة غير ممتعة يوم السبت.

6- أصدقائي لم يعملوا (ما عملوا) في هذا المصنع.

7- السكر غير مفيد للصحة/ ليس السكر مفيدا للصحة.

8- ما (ليست) عندي امتحانات كثيرة هذا الشهر.

9- لا يجب أن تبقى في المستشفى لأسبوع كامل.

10- الطلاب غير مهتمين / (ليسوا) مهتمين بهذا المشروع.

11- في رأيي، إن هذا الفريق لن يفوز في البطولة.

12- السماء لا تمطر ذهبا.

Q/120

1- يقام المهرجان في الصحراء الإماراتية وينظمه مركز أبوظبي للثقافة والتراث.

2- يشارك في هذا المهرجان عادة 800 مشاركا وعشرون ألف جمل.

3- شروط الإبل المشاركة في المهرجان أن تكون سليمة وخالية من الأمراض.

4- يحصل الفائزون في سباق الإبل على سيارات وجوائز مالية.

5- يمكن أن نشاهد هذا المهرجان أو نعرف الفائزين فيه من قنوات التلفزيون أو الصحف الخليجية.

Q/121

1- بدأت المسابقة للمرة الرابعة، لكن النص لم يذكر إن كانت قبل خمس سنوات.

2- الطعام يقدم مجانا للإبل المشاركة.

3- الإبل المريضة لايسمح لها بالمشاركة أبدا.

4- حكام مسابقة الجَمال عادة لديهم خبرة في تربية الجِمال.

5- المشاركون في سباق الجِمال يجب أن تكون أعمارهم بين 18 - 70 سنة.

Q/122

1- تقام

A- to be held

2- ينظم

C- to organise

3- معايير

A- standard

4- يعرض

B- to be shown

Q/123

مرحبا،

شكرا على رسالتكم الألكترونية. في رأيي ،هذه الفكرة ممتازة وسيكون المشروع ممتعا أكثر، لأنه سيجعل المنافسة أكبر وسيشارك فيها متسابقون من دول مختلفة في العالم، وستعطي أيضا صورة جميلة وتعرف دول العالم بالعادات والتقاليد العربية. يمكن أن نفتح حسابا في صفحات على شبكات التواصل الاجتماعية للإعلان عن هذه المنافسة، ونعرف آراء الناس من ثقافات مختلفة عن هذه المسابقة وكيف يمكن تطويرها. وأخيرا يمكن ترتيب رحلات وعطلات إلى الإمارات العربية المتحدة قبل المسابقة وخلالها. شكرا مرة أخرى.

Q/124

1- لستُ إسبانية.
2- في الصيف الماضي ما ذهبنا إلى أستراليا.
3- لا أشرب القهوة في الصباح أبدا.
4- ليست لدي سيارة.
5- أبي لم يعمل يوم الخميس الماضي.
6- هؤلاء المهندسون ليسوا من هذه المدينة.
7- أخي وأختي لم (لن) يدرسا في نفس الجامعة.
8- القطار لم (لن) يصل قبل الساعة العاشرة.
9- هذا تصرف غير مسؤول.
10- هذه الفرصة الأخيرة، لذلك يجب أن لا (ألاّ) أضيعها.
11- لم نكن نعرف أن الاجتماع قد ألغي اليوم.
12- هذا الرجل لا يريد أن يعمل، فلا فائدة من مساعدته.

Q/125

1- The UN was founded in 1945 and it has 193 members now.

2- Communities of Arabs, Indian and Chinese have been living in the UK for many years.

3- Recently(in modern time), using computer has become necessary in all work, study and researches fields.

4- We study Arabic to know more about Arabic traditions and culture.

5- Before travelling to China, I had no clear idea about Chinese societies.

Q/126

1- انتقلت اللغة العربية إلى شمالي إفريقيا بعد انتشار الإسلام في تلك البلاد.

2- نعم، يهتم المسلمون باللغة العربية كثيرا، لفهم الدين الإسلامي وبقية المؤلفات المكتوبة باللغة العربية.

3- تدرس اللغة العربية حاليا في جامعات أوربا وأمريكيا ودول أخرى في العالم.

4- أسباب دراسة اللغة العربية من غير العرب هي التعرف على الثقافات والعادات والتقاليد العربية، ومنهم من يتعلمها لأغراض دينية أو اقتصادية أو سياسية.

5- سيزداد الاهتمام باللغة العربية في السنوات القادمة في أماكن متعددة أخرى من العالم.

Q/127

1- صحيحة.

2- خاطئة. المصريون تكلموا العربية بعد العراقين حين انتشر الإسلام في مصر.

3- خاطئة. العربية تدرس في المدارس والجامعات البريطانية أيضا.

4- خاطئة. بعض الجامعات البريطانية تمنح شهادة الدكتوراه في اللغة العربية.

5- صحيحة.

Q/128

1- حاول أحمد أن يتصل ببعض المنظمات الإنسانية التي تعمل في فلسطين من أجل مساعدته في البحث عن عمل.

2- لأن مؤسسة (أطفالنا) هي التي مولت المشروع ودربت الموظفين فيه.

3- بعض الناس لم يصدق فكرة أن يدير فريق من الصمّ مطعما بكل خدماته، وبعضهم قرر أن يزور المطعم ليرى بنفسه كيف يمكن لهؤلاء الشباب أن يديروا مطعما، وبعضهم رحب بهذه الفكرة وقرر مساعدتهم وتشجيعهم.

4- شعرت بالخوف عندما عرفت أن المطعم يديره ويقدم خدماته أشخاص صمّ.

5- يشير الزبون إلى رقم الوجبة أو الطلب في قائمة الطعام.

Q/129

1- خاطئة. لأنه لا يسمع جيدا (أصمّ).
2- خاطئة. لأن المشاركين من نفس العمر تقريبا ولديهم نفس المشاكل.
3- صحيحة.
4- خاطئة. هو مسؤول عن عمل الكعك والحلويات.
5- خاطئة. يزوره الأجانب أيضا، لأنهم يحبون الطعام الشرقي.

Q/130

1- الصعوبات التي واجهت أحمد قبل العمل في مطعم أطفالنا
2- فكرة المشروع ...كيف بدأت، ومن كان الممول له
3- آراء مختلفة حول المشروع
4- التغيير الذي حدث في مشاعر أحمد بعد العمل في المطعم
5- لكل عامل وظيفة مناسبة بعد التدريب
6- ما الذي يشجع الزبائن على زيارة المطعم
7- الهدف من المشروع في رأي المسؤولين عنه

Q/131

1- أيسر
2- جهد
3- شاق
4- مميز

Q/132

1- أصمّ - صُمّ

A- deaf people

2- تمويل

B- financing

3- تلقوا

A- to recive

4- فوجئت

C- to be surprised

5- تدريجيا

A- gradually

6- خضع له

A- to undergo

7- يلفت انتباه

C- to attract

8- المعاق

A- disabled

9- توفرت

A- to be offered

Q/133

السينما المصرية

بدأت السينما العربية في مصر في سنة 1927 في فلم (ليلى)، وكانت الممثلة (عزيزة أمير) أول امرأة مصرية عملت في السينما. وفي سنة1932 بدأت أول مغنية مصرية العمل في السينما، واسمها نادرة في فيلم (أنشودة الفؤاد)، وهو أول فيلم غنائي مصري. وكان أول مغنٍ يظهر في السينما هو محمد عبد الوهاب في فيلم (الوردة البيضاء). وازدادت الأفلام المصرية من 16 فيلما في سنة 1944 إلى 67 فيلما في سنة 1946. وظهر عدد من المخرجين مثل أحمد بدرخان وحسن الإمام والممثلين والممثلات مثل عمر الشريف الذي أصبح فيما بعد ممثلا عالميا، وليلى مراد. وفي عام 1950 أنتج فيلم (بابا عريس) وكان أول فيلم مصري بالألوان.

وفي مئة عام تقريبا كان للسينما المصرية أكثر من أربعة آلاف فيلم وهي أكثر البلاد العربية التي عملت في صناعة الأفلام السينمائية.

وفي مصر يقام في كل سنة مهرجان القاهرة الدولي للأفلام السينمائية، حيث كانت بدايته في سنة 1976، وما زال حتى يومنا هذا. وهو أول مهرجان للأفلام السينمائية في منطقة الشرق الأوسط وواحد من أهم أحد عشر مهرجانا في العالم.

Q/134

1- خرجوا إلى الشوارع القطرية للاحتفال بفوز بلادهم بهذه المناسبة.
2- إعطاء فرصة للشعب العربي لمشاهدة مباريات كرة القدم مباشرة في الملاعب أو على شاشات التلفزيون، وجعل كرة القدم أكثر شعبية في الشرق الأوسط، ومنح فرص عمل كثيرة للعمال العرب والأجانب، وكذلك تعريف العالم بالثقافات العربية وعادات العرب وتقاليدهم.
3- ستبني قطر عدة ملاعب حديثة مغلقة ومزودة بتبريد مركزي.
4- نعم، ستحتاج قطر إلى القطارات أثناء البطولة لنقل الفرق المشاركة والجماهير إلى الفنادق والملاعب والأماكن الأخرى.
5- لم تنظم أي دولة في أوربا الشرقية بطولة كأس العالم، لكن روسيا ستنظمها لأول مرة سنة 2018.

Q/135

1- تنظيم
B- to host

2- شرف
B- honour

3- إعلان
A- announcement

4- وفد
A- delegation

5- ملف
A- application

6- فرصة
C- opportunity

7- مزودة
B- supplied with

8- منافسة
A- competition

9- أسس
C- to found

10- يستمتع
A- to enjoy

Q/136

1- فوز
2- تُعرّف
3- حديث
4- شديد
5- ينفق

Q/137

1- صحيحة.
2- خاطئة. عدد الأصوات في الفيفا اثنان وعشرون صوتا.
3- خاطئة. ستكون الخمر مسموحة للجميع لكن في أماكن خاصة.
4- خاطئة. سافر إليها ليشكر رئيس الفيفا على ما فعله للتحضير لكأس العالم.
5- خاطئة. غير مذكور. الكل يجب أن يدفع ليشاهد مباريات كأس العالم في قطر.

Q/138

1- العرب ينظمون بطولة كأس العالم للمرة الأولى
2- الاحتفالات في كل البيوت والشوارع
3- لماذا نريد تنظيم بطولة كأس العالم
4- أهم الصعوبات أمام قطر لتنظيم هذه البطولة
5- خطة قطر في تنظيم البطولة والمشاكل التي تواجهها
6- بطولة كأس العالم لكرة القدم عام 2022 .... أين
7- بطولات كأس العالم وكيفية تنظيمها والفوائد التي يحصل عليها البلد المنظم للبطولة

Q/139

في رأيي، باراك أوباما كان مخطئا في هذا الكلام، لأن قطر تستحق أن تستضيف بطولة كأس العالم لكرة القدم، وهي البطولة الأولى في الشرق الأوسط. صحيح أن هناك مشاكل كبيرة أمام قطر مثل الجو الحار وقلة الفنادق وضعف شبكة المواصلات، لكن هذا البلد غني جدا وسيبني ملاعب مغلقة ومكيفة، وربما تقام البطولة في فصل الشتاء. كما أن قطر لديها وقت كافٍ للتحضير لهذه المسابقة. وكذلك هي فرصة للعالم لكي يتعرف على العادات والتقاليد العربية عندما يزور قطر أو يشاهد المباريات في التلفزيون.

Q/140

1- في المساء عادة أستمع <u>إلى</u> الموسيقى.
2- شارك كل الطلاب <u>في</u> الحفلة الأخيرة.
3- سيتكلم الأستاذ <u>عن</u> هذا الموضوع في المحاضرة.
4- التحق ابن عمي <u>بالجيش</u> بعد الجامعة.
5- استمتعت كثيرا <u>بهذا</u> الفلم.
6- أخرجت الكتب <u>من</u> المكتبة.
7- حصلت أختي <u>على</u> عمل جديد.
8- لا نعرف شيئا <u>عن</u> هذه القصة.
9- يدافع الجندي <u>عن</u> البلد.
10- أحتاج <u>إلى</u> عطلة بعد الامتحانات.
11- نشتري السمك عادة <u>من</u> هذا السوق الكبير.
12- سألت <u>عن</u> عنوان الجامعة.

Q/141

1- أحب <u>كتابة</u> القصص في نهاية الأسبوع.
2- أسرة صديقي لا تريد <u>السفر</u> إلى المكسيك.
3- من يشعر بالألم، يجب عليه <u>الذهاب</u> إلى الطبيب.
4- في عطلة الصيف أريد <u>الحصول</u> على عمل في البنك.
5- هل تفضلون <u>السباحة</u> في البحر أم في المسبح؟
6- أحب <u>مساعدة</u> أصدقائي في عملهم.

Q/142

1- خاطئة. هي الآن عضوة في أحد المجتمعات البدوية في السودان.
2- خاطئة. تكون في الخيام والبنايات المتنقلة.
3- خاطئة. تبدأ متأخرة (بعد الظهر).
4- صحيحة.
5- خاطئة. أخواتها الكبريات لم يذهبن إلى المدارس.

Q/143

1- تشعر زهراء بالفرح والفخر بنفسها، فقد حصلت على نتائج امتحانات الصف الثامن.
2- لأنها جاءت من أحد المجتمعات البدوية في السودان التي لا تعرف القراءة والكتابة وترفض إرسال أبنائها (خاصة البنات) إلى المدرسة.
3- بدأت الفكرة بشراكة الحكومة السودانية مع منظمة اليونيسف والمجتمعات البدوية. والهدف منها تشجيع الأطفال من البدو على الدراسة، وحصولهم على نفس فرص التعليم مثل غيرهم من الأطفال السودانيين.
4- تم تنظيم احتفال في (أم سراية) حضره مدراء للتربية والتعليم في ولايتي النيل الأبيض وسنار وغيرهم من المسؤولين الحكوميين الكبار.
5- منظمة اليونيسف تدعم تعليم البدو في ولاية النيل الأبيض بفضل تبرعات الحكومة الهولندية ومنظمات أخرى.

Q/144

1- يرفض
2- مثير للإعجاب
3- سن
4- سخي
5- يوفر

Q/145

1- نجاح زهراء في المدارس المتنقلة
2- حالة التعليم للبنات البدويات
3- الخطوة الأولى للمشروع
4- بداية تعليم البدو في المدارس
5- الفرحة بعد النجاح..... كيف تكون
6- حالة المدارس في بداية المشروع
7- الصغار يحبون الدراسة
8- الآباء يريدون التعليم لأولادهم
9- أسرة زهراء ودراستهم
10- مشاكل المدارس المتنقلة والمساعدون لها

Q/146

السلام عليكم،

أشكركم كثيرا على هذا المشروع العظيم في السودان، وأعتقد أن التعليم مهم جدا لجميع الأطفال في العالم.

أحب أن أشارك في هذا المشروع في عطلة الصيف، لأني طالب في الجامعة وأدرس الرياضيات، وأكون عادة مشغولا جدا أيام الدراسة. أنا أتكلم اللغتين الإنجليزية والفرنسية ولغتي العربية جيدة، لذلك يمكنني أن أدرس اللغة الإنجليزية أو الفرنسية أو الرياضيات للأطفال. يمكنني أيضا أن أجمع مع أصدقائي بعض التبرّعات من مدينتي لدعم هذا المشروع أو عن طريق شبكة الإنترنيت. شكرا مرة أخرى.

Q/147

1- كان دور المساجد في الماضي في أداء العبادة ونشر التعاليم الدينية.

2- الأختان فاطمة ومريم بنتا جامعة القرويين في القرن الثالث الهجري.

3- أهمية الجامعة هي أنها شاركت في نشر الإسلام في إفريقيا والأندلس.

4- أشهر الدارسين في جامعة القرويين هو سيلفستر الثاني (البابا 999-1003) وأشهر المدرسين فيها هو الطبيب والفيلسوف اليهودي موسى بن ميمون.

5- دخلت الأرقام العربية إلى أوربا كما يقال عن طريق البابا سلفستر الثاني حين درس في جامعة القرويين.

6- حسب (موسوعة) جينيز، جامعة القرويين هي الأولى والأقدم في العالم.

Q/148

1- خاطئة. كانت المساجد في الماضي للعبادة ونشر التعاليم االدينية.

2- خاطئة. بنيت جامعة القرويين في القرن الثالث الهجري.

3- خاطئة. بنت الأختان جامعة القرويين من المال الذي تركه لهما والدهما.

4- خاطئة. لجامعة القرويين أهمية كبيرة في نشر الدين الإسلامي في إفريقيا وفي الأندلس.

5- صحيحة.

Q/149

1- في لندن يسكن كثير من <u>الجاليات</u> العربية وغيرها منذ سنين طويلة.
2- تستطيع السكرتيرة الجديدة <u>الحديث</u> باللغتين الإنجليزية والفرنسية.
3- يحاول المدرسون دائما <u>تشجيع</u> الطلاب على أداء الواجبات المدرسية.
4- بعد الجامعة <u>أراد</u> أخي الالتحاق في برنامج الماجستير.
5- نحن نحترم <u>التقاليد</u> التي نراها في البلاد التي نزورها.
6- هل يمكنك أن <u>تلتقي</u> معنا غدا في الجامعة؟
7- عندي صديقة إسبانية <u>تقيم</u> في المغرب منذ ثلاث سنوات.
8- قبل السفر إلى جنوب إفريقيا <u>وضعنا</u> برنامجا لكل العائلة.
9- هذا المصنع بنته شركة <u>أجنبية</u> قبل سنتين.
10- باع صديقي بيته و<u>قرر</u> أن يشتري بيتا أكبر.

Q/150

1- When we come back from a long traveling, we usually feel tired.
2- Tourism companies arrange holidays to everyone (all people).
3- We usually buy fruit and vegetables from the market at the weekends.
4- I spend most time in the evening watching TV or reading newspapers.
5- We read half of the story at the library and we will read (complete) the rest at home.

Q/151

1- تقرر إدخال اللغة العربية في ألمانيا في مدرسة ابتدائية للمبدعين.
2- غير مذكورة في النص.
3- يتضمن درس العربية تعلم بعض القواعد الأساسية في النحو والصرف.
4- الهدف من برنامج تعليم العربية هو تمكين التلاميذ من القراءة والتحدث ببعض العبارات العربية وأخذ فكرة عن العادات والتقاليد العربية.
5- أهم دوافع التلاميذ الألمان لتعلم العربية هي التحدث بالعربية والسفر إلى الشرق الأوسط وفهم الثقافة العربية.
6- نعم، يزور بعضهم البلاد في عطلة الصيف مع أسرهم أو مع المدرسة.

Q/152

1- خاطئة. البروفسورة ملهورن هي التي أسست مدارس الإبداع في ألمانيا.
2- خاطئة. نسبة التلاميذ الذين يتعلمون العربية أكثر من نسبة التلاميذ الذين يتعلمون اللغة الصينية.
3- خاطئة. يدرس التلاميذ اللغة العربية مرة كل أسبوع.
4- صحيحة.
5- صحيحة.
6- خاطئة. في نهاية البرنامج يمكن للتلاميذ أن يتعلموا بعض الكلمات والعبارات الأساسية.

Q/153

1- تقرر
A- to be decided

2- مبدع
C- inventive

3- محفز
B- motive

4- تخير
B- to give an option

5- دعم
C- support

6- تتضمن
A- to include

Q/154

1- تقرر تأجيل الامتحان اليوم إلى الأسبوع القادم.
2- صديقي مهندس مبدع في الهندسة المعمارية.
3- الرياضة محفز كبير للصحة الجيدة.
4- بعض الشركات تخير موظفيها بين العمل في الصباح أو المساء.
5- هذا المشروع يكلف كثيرا، ولذلك هو بحاجة إلى دعم من الحكومة.
6- تتضمن العطلة زيارة المتاحف والأماكن السياحية المهمة في المدينة.

Q/155

1- تقرر	to be decided
2- مبدع	ingenious
3- سلسلة	series
4- تحفيز	motivation
5- مجالات	fields
6- رغم	despite
7- تمنح	to offer
8- تشجع	to encourage
9- غياب	absence
10- دعم	support
11- نسبة	rate
12- فصول	lessons
13- تمكن	enable
14- فكرة	idea
15- عادات	customs
16- تقاليد	traditions
17- ثقافة	culture
18- خط	font
19- جاليات	community
20- مقيم	resident

Q/156

1- المشكلة التي وجدها خليل هي أنه يمكن لأي مستخدم له حساب في (فيسبوك) أن يدخل على أية صفحة أخرى ويكتب أو ينشر ما يريد دون علم صاحب الصفحة. أبلغ خليل الموظفين في القسم الأمني عن تلك الثغرة.

2- قرر أن ينشر رابطا في صفحة جودين سارتر، صديقة مؤسس شركة (فيسبوك) مارك زوكربرج أثناء الدراسة في الجامعة، وكتب إلى موظفي الشركة عن ذلك.

3- حاول مع أصدقاء من دول مختلفة أن يجمع مكافأة لخليل تصل إلى 10 آلاف دولار، وساهم بمبلغ ألفي دولار كبداية لجمع المكافأة.

4- لأن خليل نجح في اختراق حساب مؤسس (فيسبوك) ولأن الشركة رفضت إعطاء المكافأة لخليل ولأن أحد الخبراء قام بحملة لجمع مكافأة لخليل.

5- دراسته في جامعة القدس كانت الأساس الحقيقي للخبرة العملية التي حصل عليها وبنى عليها في عمله، إضافة إلى اهتمام الأساتذة في هذه الجامعة كثيرا بالطلاب المتفوقين وخاصة في مجال تكنولوجيا المعلومات.

Q/157

1- خاطئة. بعد الجامعة عمل خليل في مدن فلسطينية مختلفة.
2- صحيحة.
3- خاطئة. لم تعط شركة (فيسبوك) أية مكافأة مالية لخليل.
4- خاطئة. جهاز الكمبيوتر المحمول لدى خليل عمره خمس سنوات (قديم).
5- صحيحة.

Q/ 158

1- تصميم

B- designing

2- يخترق حساب

A- to hack an account

3- مقتنع

B- to be convinced

4- يثق بِ

C- to trust

5- مخالفة

A- breaching the rules

6- مكافأة

A- award

7- نشر على مدونتة

C - to publish on his blog

8- ساهم

A- to contribute

9- وسائل الإعلام

B - media

10- قام بحملة

A- to campaign

Q/159

1- العامل يصبح مهندسا
2- كيف بدأت القصة
3- رد شجاع وقوي
4- رد غير متوقع
5- هل هناك فرق بين العرب وغير العرب في شركة (فيسبوك)
6- أصدقاء لا نعرفهم
7- القصة نجحت في بعض الأهداف
8- لن أنسى جامعتي وأساتذتي

Q/160

1- عاد
2- حاليا
3- أبلغ
4- رفض
5- تمكن
6- متفوق

Q/161

1- أحب <u>العيش</u> في مدينة طوكيو، لكنها غالية جدا.
2- في الصيف يذهب الناس عادة إلى <u>شاطئ</u> البحر.
3- الحمص والفلافل والكباب من <u>الأطعمة</u> العربية والشرقية.
4- السنة الماضية ذهبت إلى لندن <u>وزرت</u> المتحف البريطاني.
5- يذهب الناس إلى الحفلات <u>للتعرف</u> على أصدقاء جدد.
6- في كثير من البلاد هناك أسواق شعبية تفتح في <u>نهاية</u> الأسبوع.
7- من البداية <u>عرفنا</u> أن ابن عمي سلمان لن يسافر إلى باريس.
8- في لندن هناك <u>مناطق</u> غالية جدا خاصة في غرب المدينة.
9- <u>أتمنى</u> السفر إلى دول كثيرة في العالم.
10- تأكل أختي سلطة <u>خضراوات</u> كل يوم.
11- يأخذ الطلاب عادة <u>إجازات</u> بعد الامتحانات.
12- في <u>معظم</u> المدن الكبيرة هناك متاحف تاريخية جميلة.

Q/162

هوايتي المفضلة

كرة القدم هي رياضتي المفضلة، وبدأت بممارستها عندما كنت في السابعة من عمري، وحاليا أمارسها مع أصدقائي في الحديقة العامة في نهاية الأسبوع، وكذلك في الجامعة مع زملائي في ملعب الجامعة في منتصف الأسبوع. هي رياضة ممتعة ومفيدة للجسم أيضا، لكن المشكلة أن الجو في مدينتي عادة يكون ممطرا في الشتاء، فلا نستطيع اللعب في الحديقة. أحب أيضا مشاهدة مباريات كرة القدم في الملاعب أو في التلفزيون، وأتابع دائما مباريات كأس العالم وأمم أوربا وغيرها في كرة القدم. فريقي المفضل هو برشلونة الإسباني ولاعبي المفضل هو ليونيل ميسي. أوصي الجميع بممارسة كرة القدم.

Q/163

1- خاطئة. يجب أن يكون الأطفال عاشوا على الأقل سنتين في الشوارع وسنة في مكان للضيافة.
2- خاطئة. لإعطاء هؤلاء الأطفال أيضا الفرصة ليشعروا ببعض الاحترام وأن الآخرين معهم.
3- خاطئة. وجد حسني بعض اللاعبين (خالد) من المنظمات غير الحكومية.
4- صحيحة.
5- خاطئة. اللاعب محمد أبو تريكة انضم لأحد تدريبات فريق الأطفال.

Q/164

1- قاد حسني ومحمد كريم فريق الجامعة إلى الفوز بثلاث دورات متتالية.
2- قررا تكوين فريق كرة القدم لأطفال الشوارع بعد أن حضرا ندوة عن الحركة المنادية بإقامة مسابقة كأس العالم لأطفال الشوارع في لندن.
3- كان الفريق يشعر بفرحة شديدة لوجوده في ملعب كبير ومجهز كملعب الجامعة، والمدربون يشعرون بمحبة شديدة مع الفريق.
4- نعم، بتوفير الملاعب المجهزة وفريق للتدريب وتوفير متطوعين آخرين يعملون لخدمة الفريق وإنجاحه.
5- لعب الفريق العديد من المباريات للاستعداد للمشاركة في كأس العالم لأطفال الشوارع ويستعد لترتيب دورة رياضية تقام في حرم الجامعة بالقاهرة الجديدة في 1 مارس 2014.

Q/165

1- دورات

C- tournament

2- الحركة

A- movement

3- ممثل

A- representative

4- مأوى

B- shelter

5- لتقويم السلوك

A- behavior correction

6- بدعم المبادرة

C- initiative support

7- الذكاء الفطري

B- innate intelligence

Q/166

1- في جامعتي دورات رياضية سنوية لكثير من الألعاب الرياضية.
2- من سيكون ممثلنا في الاجتماع القادم!
3- على الحكومة أن تبني مأوى للفقراء في كل مدينة.
4- السلوك السيء يجب أن يُقوَّم بالطريقة المناسبة.
5- هذه المبادرة جيدة، ولكن ليس هناك من يدعمها.

Q/167

1- يتدرب فريق أطفال الشوارع يومين في الأسبوع.
2- حين التقى حسني مع ممثل لمسابقة كأس العالم لأطفال الشوارع لكرة القدم، عرف أكثر عن كيفية تكوين فريق من أطفال الشوارع.
3- عندما كان خالد في السابعة من عمره، لم يكن عنده بيت أو مكان يسكن فيه.
4- بهذا المشروع تمكن أطفال الشوارع من تغيير تصرفاتهم والتعامل مع الناس بطريقة أفضل.
5- هؤلاء الأطفال يمكنهم فعل الكثير، إذا استخدمت مواهبهم بطريقة صحيحة.

Q/168

1- الهدف من المشروع
2- من كان وراء هذا المشروع
3- رحلة البحث عن لاعبين وتحضيرهم للمشروع
4- الخطوة الأولى وكيف كان الشعور أثناءها
5- دور النساء في هذا المشروع
6- التغيير ليس في الملاعب فقط
7- التحضير لكأس العالم
8- نتائج سعيدة في التغيير

Q/169

السلام عليكم،

أشكركم على هذا المشروع الناجح الذي يهتم بالأطفال الذين ليس لهم مأوى أو أسرة، ومساعدتهم في تحقيق الهوايات التي يحبونها ومنها كرة القدم. أنا أيضا أحب كرة القدم التي أمارسها في نادٍ لكرة القدم في مدينتي، ومستعد لتدريب هؤلاء الأولاد في القاهرة لأني سأزورها هذا الصيف لأحسن لغتي العربية. أيضا يمكنني أن أتكلم مع نادي مدينتي وأطلب منهم أن يدعوا فريقكم للعب في مدينتي للاستعداد للبطولات العالمية. شكرا وأتمنى أن أستلم ردكم قريبا.

Q/170

1- بعد الجامعة <u>حصل</u> صديقي على وظيفة جيدة في بنك.
2- تذكرة <u>العودة</u> هي تذكرة الرجوع من السفر.
3- أختي الصغيرة دائما تطلب مني <u>المساعدة</u> في دراستها.
4- زملائي في المدرسة يذهبون إلى <u>المتحف</u> كل أسبوع.
5- أعمل يومي السبت والأحد وأدرس في <u>بقية</u> الأيام.
6- بعض الناس يشعرون <u>بالخوف</u> أثناء السباحة في البحر.
7- ذهبت إلى المطار <u>لأستقبل</u> أخي الذي وصل إلى لندن يوم السبت.
8- أبي أستاذ يعمل في كلية <u>الزراعة</u> في الجامعة.
9- يمكن أن <u>نسحب</u> المال في أي وقت من البنك الآلي.
10- أهم وسائل الإعلام حاليا هي الإذاعة والتلفزيون والصحف والمجلات وشبكات <u>المعلومات</u>.

Q/171

1- My friend (f) works for a travel agency (office) at the new airport.
2- I like studying sciences, because it is useful and interesting as well.
3- You cannot travel abroad without having a passport or (some) document.
4- Prince Charles the British Crown Prince is interested in the architecture in Cairo.
5- Training courses help people to find good jobs.

Q/172

1- يحاول بعض الناس الاحتيال من أجل الحصول على المال.
2- نعم، ينجحون في المحاولة الأولى عادة، لأن الوالدين يصدقانهم ويثقان بهم.
3- أهم أساليب الاحتيال هي إظهار الفقر أو ادعاء المرض أو العاهة.
4- يمكننا التعرف على تلك القصص من التلفزيون والجرائد وشبكة المعلومات.
5- يمكن التقليل من الاحتيال بعدم مساعدة المحتالين وتشجيعهم على البحث عن عمل مناسب لهم.

Q/173

1- خاطئة. الاحتيال موجود في كل المجتمعات وفي كل الأوقات.
2- خاطئة. الكبار يمارسون الاحتيال مثل الصغار.
3- صحيحة.
4- خاطئة. العصابات الخطيرة تسرق الأفراد كما تسرق البنوك.
5- صحيحة.

Q/174

1- احتيال	cheating
2- يدعي	to pretend
3- يثق بِ	to trust
4- ينقذ	To save
5- أغراض	purposes
6- عاهة	disability
7- استعطاف	entreaty
8- عصابات	gangs
9- الحد من	stopping
10- توسل	to beg
11- إجبار	enforce
12- مؤهلات	qualifications
13- التحاق	joining
14- دورات تدريبية	training courses
15- دائم	permanent

Q/175

1- في المحاضرة تكلم الأستاذ <u>عن</u> العلاقات الأمريكية - الأوربية.
2- بعت دراجتي <u>بمئة</u> جنيه وسأشتري دراجة جديدة.
3- تتكون بناية الكلية <u>من</u> ستة طوابق.
4- في الجامعة يتعرف الطلاب عادة <u>على</u> أصدقاء جدد.
5- التحق ابن خالي <u>بالجيش</u> قبل سنتين.
6- يجب <u>على</u> المريض أن يأخذ الدواء كاملا.
7- لم أفطر هذا الصباح، لذلك شعرت <u>بالجوع</u> مبكرا.
8- ينقسم الكتاب <u>على</u> ثلاثة أجزاء.
9- بحثت <u>عن</u> الكتاب في المكتبة، لكني لم أجده.
10- تأخر القطار كثيرا <u>عن</u> الوصول في موعده.
11- سمعت كثيرا <u>عن</u> هذه القصة، لكني لم أقرأها بعد.
12- رحب المدير <u>بكل</u> الموظفين الجدد.
13- حصلت أختي <u>على</u> البكاليوريوس في العلوم السياسية.
14- يساعد الأطفال أمهاتهم <u>في</u> شغل البيت.
15- نحن جميعا نفضل كرة القدم <u>على</u> الكرة الطائرة.
16- الأستاذ يشجعنا دائما <u>على</u> التكلم بالعربية.
17- تأثر الأوربيون <u>بالحضارة</u> العربية في القرون الماضية.
18- استمتعنا كثيرا <u>بمشاهدة</u> هذا الفلم!
19- منذ الصغر كنت أحلم <u>بركوب</u> الحصان.
20- من اللازم أن نستعد <u>للامتحانات</u> من الآن.

Q/176

1- خاطئة. التحق ياسمينة خضرا في المدرسة العسكرية.
2- خاطئة. لأن عمله في الجيش لا يعطيه الحرية في الكتابة.
3- خاطئة. أشهر كتاباته هي الروايات البوليسية.
4- صحيحة.
5- خاطئة. يستقر ياسمينة خضرا حاليا في فرنسا مع أسرته ويتولى منصب مدير المركز الثقافي الجزائري-الفرنسي في باريس.

Q/177

1- كتب ياسمينة خضرا كل رواياته باللغة الفرنسية، لأنه وجد تشجيعا من مدرس اللغة الفرنسية في المدرسة ولم يجد تشجيعا من مدرس العربية.

2- تأثر في كتاباته أولا بأمه البدوية التي قال عنها: إنها كانت تجيد سرد الحكايات بأسلوب شيق ومتميز.

3- قال المفكر محمد شفيق مصباح عنه: إنه مبدع وفنان وكاتب عبقري، والمخلص لقضيانا الوطنية والعربية والإسلامية في الغرب، لأنه استطاع أن يقنع القرّاء في الغرب بأن المسلمين والعرب ليسوا أصحاب عنف بالطبيعة.

4- قام الأمريكان بتحويل عدد من رواياته إلى أفلام سينمائية، من بينها روايته (خطاف كابول)، الفلم الذي عرف نجاحا باهرا في أمريكا وكندا.

5- حصل على جائزة (هنري غال) للآداب التي تبلغ قيمتها 40 ألف يورو.

Q/178

1- التركيز

A- to focus on

2- مدلول رمزي

C- symbolic meaning

3- سلكها

C- to follow it

4- العبقري

A- genius

5- عنف

C- violence

6- رقم قياسي

A- record

7- رغم

B- despite

8- شائعات

A- rumours

9- لام

C- to blame

10- منحته

A- to offer him

Q/179

1- رواية (الكاتب) تتحدث عن الاسم الحقيقي للكاتب ولماذا اختار الاسم الثاني.
2- يتمتع ياسمينة خضرا بشهرة واسعة في أوروبا، حيث تحصل رواياته على المقدمة في قائمة الكتب التي تباع في فرنسا.
3- القارئ العربي يعرف القليل عن ياسمينة خضرا، رغم الترجمات الكثيرة والأفلام السينمائية المأخوذة عن رواياته التي تحقق أعلى المبيعات.
4- استطاع الكاتب في رأي بعض المفكرين التوضيح للغرب بأن المسلمين والعرب ليسوا أصحاب عنف بالطبيعة.
5- الأدباء العرب غير مشهورين في الغرب، لأن أعمالهم لم تترجم إلى لغات أخرى.

Q/180

1- ملخص عن حياة الكاتب
2- أعمال الكاتب .. كيف بدأت... وأين وصلت
3- كاتب عربي ولغة غير عربية
4- حب الكاتب لوطنه الأصلي
5- تغيير الصورة عن العرب
6- أعمال الكاتب ليست في الكتب وحدها
7- رأي الكاتب في الأعمال الأدبية العربية
8- نتائج العمل الشاق والصبر الطويل

Q/181

السلام عليكم،
اسمحوا لي أن أعبر عن رأيي في هذا القرار. لا أعتقد أن هذا القرار كان صحيحا، لأن ياسمينة خضرا كاتب مشهور ليس في البلاد العربية فقط، لكن في أوربا وأمريكا أيضا. كما أنه قد عاش في فرنسا لسنين طويلة وعمل في هذا المنصب (مدير المركز الجزائري الفرنسي) ويفهم الثقافتين العربية والفرنسية جيدا. كذلك هو عمل في الجيش الجزائري في بداية حياته وكان مخلصا لوطنه. لذلك أعتقد أنه يستحق أن يبقى في هذا المنصب.
شكرا جزيلا.

Q/182

1- تونس <u>عاصمة</u> تونس.
2- أحب القهوة، لكن <u>أفضل</u> الشاي.
3- ابن عمي يعمل في هذا المصنع <u>منذ</u> سنة 2010.
4- <u>هوايتي</u> المفضلة هي كرة القدم.
5- أزور جدي وجدتي عادة <u>مرة / مرتين</u> كل شهر.
6- تأجلت الحفلة <u>بسبب</u> الجو المثلج.
7- تفتح مكتبة الجامعة <u>طوال / كل</u> الأسبوع.
8- <u>أعطني / أريد</u> هذا الكتاب، من فضلك.
9- مصر <u>مشهورة</u> بالأهرامات والآثار الفرعونية في مدينة أسوان.
10- <u>سألبس/سأرتدي</u> الفستان الجديد في الحفلة يوم السبت القادم.
11- ذهبت إلى المستشفى صباحا بعد أن <u>شعرت</u> بألم شديد في بطني.
12- ليس عندي وقت <u>فراغ</u> لألعب التنس مع أصدقائي.

Q/183

1- The smokers' rate has been reduced after smoking is banned in public places.
2- Most tourists respect traditions and customs of the countries they visit.
3- After the meeting, ministers put a new plan to work for the future.
4- Many universities' students speak more than one foreign language.
5- After obtaining BA, my sister decided to work for a human right organization.

Q/184

1- خاطئة. معظم البيوت اليمنية القديمة مبنية من الطين.
2- صحيحة.
3- خاطئة. الطابق الأرضي في البيوت اليمنية يستخدم الآن كمطبخ لإعداد الطعام أو مخزن لحفظ الغذاء.
4- خاطئة. يتناول الرجال القات عادة في غرفة المفرق.
5- خاطئة. يترك كل طابق مفتوحا حتى السنة التالية ليسمح بدخول أشعة الشمس إليه.

Q/185

1- استخدم اليمنيون الطين في بناء البيوت ليكون البناء قويا ولأنه يحفظ الحرارة أيضا.
2- من يهتم حاليا في البيوت اليمنية القديمة هي المنظمات العالمية مثل (اليونسكو) والحكومة اليمنية.
3- بدأ اليمنيون بناء (القمرية) في عصر ملوك سبأ، وتكون القمرية الغالية عادة في غرفة الضيوف.
4- تتميز البيوت القديمة في صنعاء بالنقوش البيضاء والنوافذ الخشبية.
5- تكون غرفة (المفرق) في الطابق الأعلى، وتكون مخصصة لاستراحة الرجال وتناول القات.

Q/186

1- المزخرفة

B- decorated

2- نحت

A- to carve

3- الطين

A- clay

4- المركبات

C- compounds

5- فن العمارة

B- architecture

6- محمية دولية

C- international protectoral

Q/187

1- تنقل
2- يمنع
3- عصر
4- يتشابه
5- يستمتع

Q/188

1- اليمن بلد الحضارات منذ القدم
2- صورة عن مكونات البيوت اليمنية
3- مسؤولية العالم عن البيوت اليمنية القديمة
4- البيوت اليمنية القديمة لم تتغير في شكلها وجمالها
5- كيف بنى اليمنيون بيوتهم القديمة
6- لكل مكان وظيفة في البيت
7- أجيال في نفس البيت

Q/189

مرحبا، أنا أحب السفر كثيرا وأحب العادات والتقاليد التي تتميز فيها مختلف البلاد في العالم. لذلك عندما أسافر إلى اليمن أحب أن أسكن في أحد البيوت اليمنية القديمة، لأن ذلك سيعطيني فرصة لأعرف عادات الناس وتقاليدهم أكثر، وهي بيوت مختلفة عن الفنادق، وكذلك يمكن أن أتكلم مع الناس الذين أسكن معهم ونصبح أصدقاء. ربما تكون هذه البيوت قديمة أو غير نظيفة مثل الفنادق الحديثة أو ليست هادئة، لكن هذه ليست مشكلة كبيرة بالنسبة لي.

Q/190

1- كتبت الواجب اليوم صباحا، لكني نسيته في البيت.
2- أستمع إلى الموسيقى العربية، وخاصة الموسيقى اللبنانية.
3- نهر النيل يجري من الجنوب إلى الشمال، وينتهي/ يصب في البحر المتوسط.
4- تأخرنا عن المحاضرة، ومن اللازم أن نذهب إليها الآن.
5- تشرق الشمس اليوم الساعة 6:33، وتغيب الساعة 7:12.
6- الترجمة من اللغة العربية إلى الإنجليزية صعبة، لأن اللغتين مختلفتان.
7- تزوج أخي قبل سنتين، ويعيش/ يقيم الآن في مراكش مع زوجته وابنه.
8- أخيرا نجحت في كل الامتحانات، ويمكنني أن أستمتع بعطلة الصيف.
9- طلبت من صديقي مساعدتي في الواجب، لكنه لم يستطع/ يوافق، لأنه كان مشغولا.
10- التدخين ممنوع في المطاعم والمقاهي في بريطانيا حسب/ بعد القانون الجديد.

Q/191

1- تعلمت لغتين ولكني لا أستطيع التكلم بهما جيدا.
2- طلبت الكلية مني تدريس الرياضيات.
3- حاولت مقابلة أستاذي اليوم صباحا، لكنه لم يكن في مكتبه.
4- ذهب المريض إلى المستشفى وكان عليه الانتظار طويلا.
5- علينا الاستعداد جيدا قبل الامتحانات.
6- أريد شراء هدية لصديقي، ولكن لا أعرف ماذا أشتري له!
7- لدينا حفلة كبيرة يوم الجمعة وأتمنى استمتاع الجميع بها.
8- يفضل بعض الطلاب الاستماع إلى المحاضرة مسجلة بعد الدرس.
9- ساعدت الإعلانات الكثيرة هذا الفلم على الانتشار حول العالم.
10- لا يمكنني الخروج مع أصدقائي الليلة قبل الانتهاء من واجباتي.

Q/192

1- عرفت بلدة (الصرفند) صناعة الزجاج منذ أيام الفينيقيين.
2- يحصل المعمل على الزجاج من مخلفات المطاعم والزجاج المحطم.
3- تبدأ في (المشوى) عملية تبريد الزجاج من حرارة 500 درجة إلى مئة تقريبا لمدة أربع ساعات، ويصبح بعدها زجاجا نقيا جاهزا للعرض.
4- تظن نسرين أن هذه المهنة (عمل الزجاج) هي مهنة الرجال، لأنها تحتاج إلى قوة وصبر وتحمل حرارة الفرن، فضلا عن الدقة والإتقان ولأن تعلمها يتطلب وقتا طويلا.
5- يجب على الفرن أن لا (ألاّ) يتوقف حتى يكمل الكمية المطلوبة، لأنه يحتاج إلى نحو 36 ساعة حتى يبدأ بالتذويب والتحضير للتصنيع.
6- نسرين تستلم طلبيات الزبائن وتجمعها ثم توزعها على عمال الفرن لتصنيعها. وهي أيضا تقوم بتسويق الصناعات داخل لبنان وخارجه.

Q/193

1- خاطئة. أغلق معمل (البداوي) لصناعة الزجاج بسبب غياب التشجيع.
2- صحيحة.
3- خاطئة. الفرن في المصنع يعمل كل اليوم (24 ساعة).
4- خاطئة. تستخدم الملاقط للتحكم بالقطع أثناء تشكيل الزجاج.
5- خاطئة. يشتري السياح عادة الصناعات الزجاجية اللبنانية، لأنها قوية ومتقنة.
6- خاطئة. يذهب عمال المصنع لصيد السمك حين لا يكون لديهم عمل في المصنع.

Q/194

1- التعريف بصناعة الزجاج وتاريخها في لبنان
2- الطريقة التي يصنع فيها الزجاج
3- متطلبات العمل في صناعة الزجاج
4- المشاكل والصعوبات التي تواجه هذه الصناعة
5- الناس الذين يهتمون أو يرغبون في صناعة الزجاج
6- نشاطات العائلة في الداخل والخارج للحفاظ على المصنع
7- حال مصنع الزجاج بين الماضي والحاضر

Q/195

السلام عليكم،

أشكركم على هذا المشروع الذي يعرّف العالم بصناعة جميلة عمرها آلاف السنين بطريقة تقليدية. نصيحتي لكم هي أن تستمروا في هذا العمل على الرغم من المشاكل المالية التي تواجهونها. وأنا مستعد لمساعدتكم حيث يمكن أن أكتب عن هذا المصنع في الصحف أو في شبكة المعلومات والتواصل الاجتماعي. وكذلك لدي خبرة جيدة في مصنع للدراجات في بلدي ويمكنني أن أعمل في مصنعكم في الصيف. شكرا مرة أخرى.

Q/196

1- بعد شهور من السفر، عدنا أخيرا <u>إلى</u> الوطن.
2- أخبرونا <u>عن</u> حفلة التخرج، كيف كانت؟
3- تعتمد دول الخليج العربي في اقتصادها <u>على</u> النفط كثيرا.
4- يستخدم الزيتون <u>في</u> صناعة الصابون.
5- يشتاق المسافر كثيرا <u>إلى</u> وطنه وأهله بعد السفر الطويل.
6- سنحتفل جميعا <u>بعيد</u> الميلاد في بيتي.
7- هذا الفلم مأخوذ <u>عن</u> قصة قديمة مشهورة.
8- توصل الحزبان <u>إلى</u> حل للمشاكل السياسية بينهما.
9- اتفق الطلاب <u>على</u> المشاركة في الحفلة القادمة.
10- يمنع الناس <u>من</u> التدخين في الأماكن العامة.
11- تتميز مدينة عمان بأحيائها المرتفعة.
12- هذا الكتاب يحتوي <u>على</u> كثير من القصص الواقعية.
13- أوصيكم جميعا بمشاهدة هذا الفلم الممتع.
14- السنة الماضية تركنا بيتنا القديم وانتقلنا <u>إلى</u> بيت آخر.
15- يتدرب الأطفال <u>على</u> المشي في السنة الثانية من أعمارهم.
16- تتنافس الشركات الكبرى <u>على</u> الإنتاج الأفضل.
17- وصلتني رسالة من صديق قديم وأتطلع <u>إلى</u> زيارته قريبا.
18- يختلف الطعام الهندي كثيرا <u>عن</u> الطعام الإسباني بالتوابل الكثيرة.
19- يدافع الجنود <u>عن</u> البلاد من <u>(ضدّ)</u> الأعداء.
20- يتعامل الطبيب <u>مع</u> المرضى بعناية واحترام.

Q/197

1- قرر فاروق الباز السفر إلى أمريكا، لأنه رفض العمل في المعهد الذي طلب منه تدريس الكيمياء فيه وليس الجيولوجيا.
2- بعد أن عمل لثلاثة أشهر كاملة على دراسة الصور المنتقاة، وانتهى بخريطة لسطح القمر و 16 موقعا أساسيا لهبوط السفينة الفضائية عليه.
3- هو اسم فاروق الباز المعروف في وكالة (ناسا)، وقد حاز إعجاب رواد الفضاء العاملين معه، حيث كان يتميز بشرح سهل وشيق في نفس الوقت.
4- كانت الرسالة باللغة العربية إكراما لأستاذه فاروق الباز وتقديرا للجهود التي بذلها لإنجاح هذه المهمة.
5- قام الباز باستخدام تكنولوجيا الفضاء في مجالات الجيولوجيا والجغرافيا، وطور نظام استخدام الاستشعار عن بعد في اكتشاف بعض الآثار المصرية.

Q/198

1- خاطئة. أراد فاروق الباز أن يدرس الطب عندما كان صغيرا.
2- خاطئة. رفض الباز التدريس في المعهد العالي في السويس في مصر.
3- خاطئة. حصل فاروق الباز على وظيفة في وكالة ناسا وبدأ العمل فيها مباشرة.
4- صحيحة.
5- خاطئة. طور نظام استخدام الاستشعار عن بعد في اكتشاف بعض الآثار المصرية.

Q/199

1- ولادته ونشأته الدراسية
2- المشاكل التي واجهته في حياته العلمية
3- التغيير الكبير في حياته العلمية
4- الإنجازات التي حققها مع وكالة ناسا
5- شكر الطالب للأستاذ   6- عمله الحالي

Q/200

1- مخيمات الكشافة

A- scout camps

2- رواد الفضاء

C- astronauts

3- عينات

B- samples

4- التكوين

B- configuration

5- مدار

A- orbit

6- الاستشعار عن بعد

C- remote sensing

7- حالفه الحظ

B- (he) was lucky

8- يصب جهده

A- to work hard

9- شيق

C- interesting

10- يطلع على

A- to be aware of

Q/201

في رأيي، فاروق الباز قد نجح في عمله وفي حياته ليس لأنه كان محظوظا، بل لأنه عمل كثيرا وقضى وقتا طويلا في الدراسة والعمل وكان صابرا على الرغم من الصعوبات والمشاكل التي واجهته في مصر وفي الولايات المتحدة بعد ذلك. لذلك هو يستحق الشهادات والمناصب التي حصل عليها. قد يكون الحظ حالفه في بعض الأوقات، لكن عمله الشاق وصبره الطويل هما اللذان حققا له هذا النجاح.

Q/202

1- Employees have the right to take annual leaves.
2- Millions (of people) were killed during the first and second world wars.
3- The company director discusses work problems with staff in a weekly meeting.
4- The govorment has applied for an urgent financial assistance from the International Monetary Fund.
5- Problems have increased between the husband and his wife and their relation ended in divorce.

Q/203

1- ترمز القهوة العربية إلى الكرم في البلدان العربية خاصة في الجزيرة العربية وبلاد الشام.

2- تقدم القهوة للضيف عادة في أول وصوله.

3- يتقدم الساقي للقهوة ويصب قليلا منها للضيف.

4- يعرف الساقي أن الضيف لا يريد مزيدا من القهوة، إذا هز الفنجان هزة خفيفة.

5- تسمى قهوة (مع السلامة) لأنها تقدم في نهاية الزيارة.

Q/2004
CAPRICORN
You have a chance to succeed at work or study and you should benefit from it and make sure not to lose it, as such chances do not come very often in life or as it is said (Life is chances) Your lucky numbers are: 4-9-15. Your lucky day is Thursday.

ACUARIUS
You should not worry too much about your Arabic exam, as it is not as difficult as you think. You just need to study well and try to have enough sleep the night before the exam. You are an active person, but you need more confidence in yourself. Your lucky numbers are: 1-8-19. Your lucky day is Tuesday.

PICSES
You are going on holiday in the next few weeks to a far country. Keep an eye on your luggage, as there are thieves in that country. Also do not eat any food offered to you, as it might not suit you. Your lucky numbers are: 7-11-23. Your lucky day is Friday.

ARIES
An old friend of yours is visiting you these days and you should be ready for this visit. He/She likes you a lot and wants to help you, so you should not be shy to ask him/her for any help. The only problem is the visit is too short. Your lucky numbers are: 5-12-18. Your lucky day is Saturday.

TAURUS
You have crazy and dangerous ideas, so you must not follow them, as they might lead you to results which you do not like at all. You are an adventurous person and you have to remember that some adventures might end with a disaster. Your lucky numbers are: 5-7-17. Your lucky day is Saturday.

GEMINI
You relationship with your partner is good and has no problem, although he/she is away because of study or work. You both will meet soon for a special occasion and spend nice time together. Your lucky numbers are: 2-9-15. Your lucky day is Sunday.

CANCER
You have many and various ambitions, but limited time, so you must focus on the most important goals you would like to achieve. Studying is first and then when you graduate from university you can think of other things. Your lucky numbers are: 1-8-19. Your lucky day is Tuesday.

LEO
You are a very passionate and sensitive person, but moody at the same time which is not good for your relationships with others specially your colleagues at work or study. You need to reconsider your conducts with people. Your lucky numbers are: 5-15-25. Your lucky day is Friday.

VIRGO
Your study is going well and your supervisor is really interested in your topic and is ready to help you any time, but you should not totally rely on him/her. Try yourself first or ask your colleagues for a help if you could not. Your lucky numbers are: 1-10-18. Your lucky day is Thursday.

LIBRA
Do not interfere with others' personal things, as it annoys people and make them not interested to meet you. Some people do not like to discuss their personal things even with their friends. Your lucky numbers are: 9-15-19. Your lucky day is Monday.

SCORPIO
You are an optimistic and funny person and deals with things in such a simple way which makes you stands strongly against problems and try to find solutions even if they are temporary. Your friends like you a lot as you are always ready to help them. Your lucky numbers are: 2-13-17. Your lucky day is Wednesday.

SAGITTARIUS
You will a get a good job after you graduate from university and you might travel to some countries in the Middle East. Therefore, you should improve your Arabic from now and read a lot about customs and traditions in the Middle East. Your lucky numbers are: 3-12-19. Your lucky day is Wednesday

أحسنتم جميعا !

الآن حان الوقت لتنتقلوا إلى المستوى المتقدم.

www.ingramcontent.com/pod-product-compliance
Lightning Source LLC
Chambersburg PA
CBHW080851230426
43662CB00013B/2071